创新思维的训练手册
脑体操

李尚之 汤超颖 著

清华大学出版社
北京

内 容 简 介

创新思维是人在现代社会生存所必备的核心能力。本书设计了 46 种用于培育以下七类创新思维习惯的训练方法：突破固化思维、对问题意识保持敏感、抽象与本质思维、联想与组合思维、类比思维、原理迁移思维、创新导向的元思维。书中列举了各类创新思维在不同领域的应用实例，并为读者培育创新思维设计了大量训练题，这些训练题包括了词汇、数字、图片、音乐等要素，绝大部分训练题并没有唯一的答案。通过训练可以帮助读者将七类创新思维转化为思维习惯。本书的读者群体广泛，男女老少皆宜。

本书封面贴有清华大学出版社防伪标签，无标签者不得销售。
版权所有，侵权必究。举报：010-62782989，beiqinquan@tup.tsinghua.edu.cn。

图书在版编目（CIP）数据

创新思维的训练手册：脑体操/李尚之，汤超颖著. —北京：清华大学出版社，2017（2022.7重印）
ISBN 978-7-302-46431-0

Ⅰ. ①创… Ⅱ. ①李… ②汤… Ⅲ. ①创造性思维—思维训练—手册 Ⅳ. ①B804.4-62

中国版本图书馆CIP数据核字（2017）第 023574 号

责任编辑：邓　婷
封面设计：刘　超
版式设计：李会影
责任校对：赵丽杰
责任印制：丛怀宇

出版发行：清华大学出版社
　　　　　网　　址：http://www.tup.com.cn，http://www.wqbook.com
　　　　　地　　址：北京清华大学学研大厦A座　　邮　编：100084
　　　　　社 总 机：010-83470000　　　　　　　　邮　购：010-62786544
　　　　　投稿与读者服务：010-62776969，c-service@tup.tsinghua.edu.cn
　　　　　质量反馈：010-62772015，zhiliang@tup.tsinghua.edu.cn
印 装 者：北京建宏印刷有限公司
经　　销：全国新华书店
开　　本：185mm×230mm　　　印　张：15　　　字　数：305 千字
版　　次：2017 年 2 月第 1 版　　　　　　　　印　次：2022 年 7 月第 8 次印刷
定　　价：48.00 元

产品编号：039040-01

前 言

21世纪是一个高度重视创造力的时代,创造力已经成为学生与成人在现代社会生存所必需的重要能力。随着网络的普及,大量信息与知识已经变得唾手可得,但掌握知识不等于具备发现问题与创新性解决问题的能力,将知识转化为创造力,需要具备创新思维。

然而,受中国传统文化与社会习俗的影响,标新立异、与众不同者很难得到普遍的接纳与好评。多年应试教育的体制导致了我们过分看重知识记忆能力与对已有问题进行准确回答的能力,忽略了发现问题和创新性解决问题的能力。如今,社会已经普遍意识到创造力与创新能力的价值,创新也已经成为我国持续发展的一项国策,创业精神在我国得到了前所未有的倡导与鼓励,教育体制的改革也正在破除机械的题海学习策略,提升个体的创新思维能力因此显得十分必要。

本书的设计历时三年多,在吸收了美国创新思维测评专家吉尔福特和托仑斯的四维创新思维评价指标,以及国内外学者有关创新思维研究成果的基础上,我们对创新思维可加以日常训练的部分进行了分类,提取了创新思维的七种要素。在本书的开篇我们分析了国内外商业领域、科学领域、艺术领域的创新思维案例,展示了它们令人赞叹的通过创新思维所获得的商业成功。接下来我们根据七种创新思维的要素,结合生活常识和学科初级知识,设计了一种随时可以开展的创新思维训练方法——脑体操(即书中的训练题)。脑体操让抽象的创新思维变得更通俗、更寻常,成为人人可以训练、随时可以使用的一项老少皆宜的思维训练活动。

本书的主要内容如下:

第一章　令人赞叹的创新思维
第二章　创新思维的训练提升
第三章　旨在改变思维习惯的脑体操
第四章　固化思维突破法
第五章　问题意识的敏感性训练法
第六章　抽象与本质思维训练法
第七章　联想与组合思维训练法

第八章　类比思维训练法
第九章　原理迁移思维训练法
第十章　创新导向的元思维提升法

本书的 46 种创新思维训练方法，包含了词汇、数字、图片、音乐等要素，这些训练题绝大部分没有唯一答案。读者可以使用这些题目进行单独训练，或者进行多人的团队训练。本书提倡开展创新思维的习惯养成训练，因此，推荐读者利用本书内容，开展持续训练，每次的训练时间可以不超过半小时。读者只需要按照题目去练习，而不需要评价自己答案的质量。这样做的目的是通过不断的练习，直到将这些训练题中包含的思维方式内化为自己的一种本能反应。本书读者群体广泛，男女老少皆宜。愿这本手册带您走入创新思维训练的美妙天地。让我们一起来奇思妙想，创造一个更有趣的世界！

本书写作过程中，李尚之的主要工作是提取了社会经济与文化中的各类创造性思维的具体表现，设计了各类训练题的题型与大部分内容；汤超颖的主要工作是写作了本书的理论部分和设计了小部分训练题。本书的七大类创新思维的结构与内容，是两位作者相互启发与讨论的结果。本书得到了王灿明、杨东、邱江、沈汪兵、高嘉欣、李美智、伊丽娜、姚鸽等人的宝贵建议与意见反馈，在此表示感谢！

如果您希望在一个群体内系统地进行本书的创新思维七要素训练以及相关测评，请联系 tcy@ucas.ac.cn，我们将为您提供相关的帮助。

李尚之　（石油附中高中部）
汤超颖　（中国科学院大学）
2016 年 12 月于北京

目　录

第一章　令人赞叹的创新思维 1
　　一、宜家 1
　　二、施乐 1
　　三、3M 公司 2
　　四、洛杉矶奥运会 3
　　五、腾讯公司 3
　　六、苹果公司 4
　　七、乐高 4
　　八、威客 5
　　九、日本的胶囊宾馆 5
　　十、e 袋洗 6
　　十一、米其林创意大厨 6
　　十二、香奈儿 6
　　十三、猪联网 7
　　十四、云南白药 7
　　十五、圆的电影 8
　　十六、作业帮 8
　　十七、自拍杆 9
　　十八、三国杀 9
　　十九、水立方 10
　　二十、互联网 10
　　二十一、支付宝 11
　　二十二、立体快巴 11
　　二十三、魔方 12
　　二十四、微波炉 12

二十五、分众传媒 13
　　二十六、希尔顿 13
　　二十七、海底捞服务 13
　　二十八、PPG 衬衫 14

第二章　创新思维的训练提升 15
　第一节　创新思维及其测量 15
　　一、高创造力者的特征 15
　　二、创新思维的内涵 16
　　三、创新思维的测量 17
　第二节　常见的创新思维提升方法 19
　　一、头脑风暴法 20
　　二、综摄法 20
　　三、KJ 法 21
　　四、SCAMPER 和十二聪明法 21
　　五、水平思维训练 22
　　六、全脑思维及思维导图 23
　　七、创造性问题解决 23

第三章　旨在改变思维习惯的脑体操 25
　第一节　相对稳定的思维风格 25
　第二节　可以改变的思维方式 26
　第三节　体操式创新思维训练法 27
　　一、创新思维的七要素 27
　　二、专注于日常思维习惯养成的训练法 29

第四章　固化思维突破法 31
　第一节　随处可见的思维牢笼 31
　　一、思维定式的故事与实验 31
　　二、思维定式的代价 32
　第二节　思维定式之外的创新 34
　　一、突破思维定式带来科学发明与艺术的创新 34
　　二、突破思维定式带来商业的成功 35
　第三节　思维定式的成因 36
　　一、寻找正确答案的习惯 36

二、遵循规则和传统 37
　　三、从众 37
　　四、害怕犯错 38
　第四节　训练 38
　　训练1：寻找规则 38
　　训练2：突破广告的常规诉求点 40
　　训练3：突破广告的常规投放点 44
　　训练4：脑筋急转弯 48
　　训练5：找理由 51
　　训练6：顿悟数学类问题 52
　　训练7：顿悟文字类问题 53
　　训练8：顿悟图形类问题 57
　　训练9：点石成金 60

第五章　问题意识的敏感性训练法 73
　第一节　对自然环境保持敏感 73
　第二节　对竞争对手的策略保持敏感 74
　第三节　对商品的潜在价值保持敏感 74
　第四节　对社会环境保持敏感 75
　第五节　训练 76
　　训练1：不常见的外形谁喜欢 76
　　训练2：不常见的功能谁喜欢 77
　　训练3：功能-利益相关群体分析 78

第六章　抽象与本质思维训练法 91
　第一节　抽象与本质思维 91
　第二节　训练 92
　　训练1：猜类别名称 92
　　训练2：串词编故事 95
　　训练3：短文标题还原 96
　　训练4：辩论两方的立场 98
　　训练5：给图命名 106

第七章　联想与组合思维训练法 ……………………………… 119

第一节　联想思维 …………………………………………… 119
第二节　组合思维 …………………………………………… 121
第三节　理性与感性的组合 ………………………………… 122
第四节　训练 ………………………………………………… 123

训练 1：踩西瓜皮联想 ………………………………… 123
训练 2：短路联想 ……………………………………… 125
训练 3：多路联想 ……………………………………… 126
训练 4：功能联想 ……………………………………… 127
训练 5：组画成故事 …………………………………… 130
训练 6：组词编故事 …………………………………… 142
训练 7：编主题故事 …………………………………… 146
训练 8：寻找共同词汇 ………………………………… 155
训练 9：编曲 …………………………………………… 157
训练 10：表演 ………………………………………… 159

第八章　类比思维训练法 …………………………………… 161

第一节　类比思维 …………………………………………… 161
第二节　两类类比 …………………………………………… 162
第三节　训练 ………………………………………………… 163

训练 1：类比 …………………………………………… 163
训练 2：物品体验 ……………………………………… 169
训练 3：两人表演 ……………………………………… 170
训练 4：隐喻 …………………………………………… 170
训练 5：换位思考 ……………………………………… 171
训练 6：化身为动物 …………………………………… 172
训练 7：原型启示法 …………………………………… 172

第九章　原理迁移思维训练法 ……………………………… 179

第一节　原理迁移 …………………………………………… 179
第二节　训练 ………………………………………………… 180

训练 1：原理大迁移 …………………………………… 180
训练 2：物品原理互通 ………………………………… 183
训练 3：职业大转换 …………………………………… 193

第十章　创新导向的元思维提升法 199

第一节　创新自信 199
第二节　不断创新 200
第三节　训练 202

训练 1：好奇心提问法 202
训练 2：与众不同 213
训练 3：创新高手会如何想 221
训练 4：变得相似 223
训练 5：变得不同 223
训练 6：尝试新事物 223
训练 7：我可以更有创造力，如果我…… 225

参考文献 226

第一章

令人赞叹的创新思维

本书是一本创新思维训练书。创新思维是人类最宝贵的财富之一，它在社会、艺术、经济、教育领域都大放异彩。新技术的层出不穷，新产品的不断更新，从未出现过的商业模式开始占据市场竞争的制高点，新的艺术作品与理论成果不断涌现，这些都得益于人类的创新思维。首先，让我们一起来回顾那些令人赞叹的商业创新思维！

一、宜家

如果一家商店有很多工作人员，却不会主动与客户打招呼，您是否会觉得自己被商家怠慢了？其实这正是宜家商业模式创新的一个侧面。瑞典宜家集团是全球最大的家具、家居用品商家，它的创始人坎普拉德在1976年写下了《一个家具商的信仰》，提出这家企业的宗旨在于为大多数人创造美好的生活，打破地位和传统的制约，帮助人们生活得更为自由。要做到这一点，宜家的经营方式就得与众不同。为此，他采取了以下对策：在家具行业里首创了"自助"这一概念，所有产品都由客户自由选择，需要客户买回去自己组装。因此，虽然店里的工作人员很多，但是他们都不会主动跟客户打招呼，他们的任务主要是布置商店和整理存货。宜家的店里开设了很多体验馆，包括为了让更多人理解欧洲难民的处境而设计的20平方米的简陋的体验屋。宜家通过商业思想的创新以及科学高效的运营，成功地推广了它所倡导的帮助人们自由生活的理念，满足了人们渴望成为生活的主角和支配者的内在需求，在市场上独树一帜，极具特色。

二、施乐

美国施乐公司是全球最大的数字与信息技术产品的生产商，它发明了复印技术，在复印机市场它的占有率位居全球第一。回顾施乐的成长与发展，它所获得的成功在很大程度上受益于其商业经营上的创新思维。20世纪50年代中期，美国商业复印技术有光影湿法和热干法。然而，用这两种技术复印出来的纸张都很脏，而且每台复印机每天只能复印15~20张复印件，还不能长久保存。当时复印机厂家的商业模式是卖复印机，一台普通的办公用复印机的售价约为300美元，配件与耗材单独收费。当时复印机的使用率很低，90%的复印机每个月的复印量少于100张。后来出现了静电复印术，用这个技术复印出来的复印件干净整洁而且复印的速度非常快，每天可以达到数千张。但是，每台静电复印机的生产成本却高达2 000美元。静电复印技术专利的拥有者找到柯达、通用电气、IBM等大公司寻求支持与合作，希望依靠大公司进行制造和营销服务，作为回报，它愿意与大公司共享新技术带来的收入。但是这些大公司当时不看好静电复印技术，认为它没有多大的商业价值，回绝了该邀请。1959年，施乐公司的前身Haloid公司，独辟蹊径地以提供租赁服务的方式将新型复印机推向了市场。它采用了一种新型的销售方式：消费者每个月只需支付95美元就能得到一台复印机。如果客户每个月的复印张数不超过2 000张，就不需要支付任何其他费用，超过2 000张以后，每张需要支付4美分。相关的复印服务和技术支持人员都由施乐公司来提供。如果客户希望中止与施乐公司的租约，只需提前15天通知公司即可。这种创新的经营方式使得复印服务的消费量大增。在随后的十几年里，施乐公司的收入大增。到了1972年，原本一家资本规模仅3 000美元的公司已经变成了年收入高达25亿美元的商业巨头——施乐公司！[①]

三、3M公司

美国明尼苏达采矿制造公司（即3M公司）的创始者团队里没有科学家也没有发明家，而是由一位医生、一位律师、两位铁路行政官员和一位肉制品销售经理组成。1902年，他们买下了一块森林茂密的土地用于采掘金刚砂，结果他们采掘出来的根本不是金刚砂，而是一种价值很低的矿砂。他们发现用这些矿砂可以制造砂纸，但是砂纸的销售却是个难题。当时有人提出一个离奇的想法：研制砂纸，让它成为刮胡刀片的替代品。结果，刮胡刀片没有制造出来，却研制出了意料之外的耐水砂纸。这种砂纸幸运地在汽车制造公司得到了广泛的使用，成为3M公司的第一个拳头产品。3M公司后来发展成为一家极具创新精神的公司，公司有一项明文规定：3M公司的任何员工都可以任意使用15%的工作时间做自己想做的任何事！正是对创新的不懈追求，3M公司的创新成果不断涌现。如今3M公司已经成长为一家从事综合经营的世界500强企业，领域涉及卫生保健、电力、运输、航空航天、通信、建筑、教育、娱乐与商业。

---

① 魏炜，朱武祥. 发现商业模式[M]. 北京：机械工业出版社，2009.

四、洛杉矶奥运会

1984年在洛杉矶举办的第23届夏季奥运会在奥运会的历史上首次实现了扭亏为盈。由于举办奥运会就意味着赔钱，因此在1978年只有美国洛杉矶一个城市申请举办第23届夏季奥运会，它理所当然地获得了主办权。然而，美国企业家彼特·厄伯罗斯（Peter Ueberroth）作为洛杉矶奥组委主席，用创新思维让该届奥运会盈利两亿多美元。他所采取的新的经营措施包括：首先，将奥运会电视转播权进行独家招标，结果，美国广播公司以2.25亿美元中标。其次，他严格控制赞助商的数量，由过去的几百家赞助商缩减为30家赞助商，而且每个行业只选择一家赞助商。相应地，他要求每家赞助商的赞助费必须超过400万美元。由于赞助商的数量较少，因此带来的广告效应更大，企业反而乐于慷慨解囊，大公司之间还为此展开了激烈竞争，可口可乐和富士最后分别以1 200多万美元和700万美元入选。这届奥运会还对门票销售实行价格差异化，造成供应稀缺的市场心理，促使观众踊跃购买。厄伯罗斯甚至将圣火传递作为商品销售，向所有美国人提出跑1英里圣火传递支付3 000美元。[①]以上这些闻所未闻的做法，改变了奥运会的经营模式，使其扭亏为盈。当然，奥运会不仅是一项商业活动，它还需要承担社会责任和环境保护与可持续发展的责任。

五、腾讯公司

企业能通过免费实现盈利吗？在互联网技术出现之前，没有企业会如此设计它的经营模式。然而，由免费促进盈利已经成为互联网企业的一个突出的创新经营模式，成为互联网思维的一大特征。其中，腾讯就是成功应用这个互联网创新思维的典范。马化腾和张志东在1998年创建了腾讯公司。短短的十几年，这家公司就得到了飞速的发展。截至2015年，腾讯公司的总收入达到1 028.63亿元。[②]QQ聊天软件是腾讯的发家产品，依靠不断的微创新和迭代，以及对中国本土用户需求的把握，2010年3月5日，腾讯QQ最高同时在线用户数突破1亿，这是人类进入互联网时代以来，全世界首次单一应用同时在线人数突破1亿。腾讯正是依靠这种强大的免费社交软件（QQ、微信），吸引了几个亿的用户群。利用免费带来的流量，带动Q币和游戏等增值业务，腾讯成功实现了盈利。

---

① 数据来自网易奥运资料库，链接如下：http://info.2012.163.com/match/2264.html
② 数据来自腾讯科技网，链接如下：http://tech.qq.com/a/20160317/046952.htm

六、苹果公司

　　企业如何才能在商品售出后，持续获得更大的盈利？这是一个反常规问题。而苹果公司的创始人乔布斯通过经营方式的创新对这个问题做出了漂亮的回答。苹果公司组建了一个多方共赢的商业生态。苹果与各国大电信运营商签订排他性协议，通过运营商的渠道进行销售，并与运营商一起宣布 iPhone 的购买者必须承诺在一段时间内使用该运营商的网络。这样，各国的运营商通过 iPhone 得到了签约用户，并向 iPhone 提供部分数据服务，作为回报，用户所创造的传统电信收入要与苹果公司分成。基于这种运作模式，运营商和苹果公司各取所需，达到共赢，在很大程度上打破了传统的电信产业里由运营商主导的生态系统。同时，苹果公司作为终端生产商扮演着内容提供商的角色，它在 iPhone 中整合了大量独立的内容，包括 iTunes、Map、YouTube 等，加深了与最终用户的接触，弱化了电信运营商的制约，在合作中占据了主导地位。因此，iPhone 在售出后还可以持续地为苹果公司带来利润。乔布斯这位偏执型的创新勇士成为当今创业者的偶像，他始终认为：活着就是为了改变世界；领袖与跟风者的区别就在于创新；人这一辈子没法做太多的事情，所以每一件事情都要做得精彩绝伦；成就一番伟业的唯一途径就是热爱自己的事业；只要敢想，没有什么是不可能的；不要把时间浪费在重复其他人的生活上。乔布斯极力追求创新的精神，推动了苹果公司在各类产品设计、用户体验、新技术采用的商业表现方面成功地超出了消费者的预期。

七、乐高

　　能否通过一种通用的塑料块制造出一款全球流行的益智产品？丹麦乐高公司成功地完成了这个挑战。乐高的品牌"Lego"来源于丹麦语中的"leg godt"（玩得开心）。作为一家玩具公司，乐高积极从事创新，如同它所说的："在想象力和创造力的领域里，孩子们是我们的榜样。"从 1949 年开始，乐高生产塑料块拼砌玩具。在乐高公司成立的最初 10 年里，这种积木型玩具在很多人眼里仅仅是为低龄儿童设计的益智性玩具，并无任何特别之处。1958 年，乐高把塑料块的造型改成更便于组合的插孔形式，并且将塑料块设计成彼此可以嵌入，使得乐高积木可以进行相互拼接，并因此可以开发出无穷个积木块的组合方式。这种独特的积木设计具有强大的造型能力和塑造未知的可能性，激发了孩子们的想象力和动手创造的能力，逐步地演化为儿童与成人共同追捧的"创造无极限"的代言品。全球的乐高迷们通过这种简单的设计组合出阿波罗登月照、《时代广场的胜利日》，以及马拉多纳的"上帝之手"等具有非凡意义的场景。在意大利的小镇上，迷恋乐高玩具的艺术家们用乐高积木块对老街破损的墙壁进行修补，成为一处富有奇趣的景观。来自全球各地的乐高迷每年乐此不疲地通过创造新型乐高塔、乐高车、乐高桥、乐高城堡等进行比赛，刷新着世界纪录。乐高还于1968年在故乡丹麦比朗德小镇上建立了第一个乐高主题公园。在这个占地25万平方米的公园里，希腊帕台农神庙、慕尼黑新天鹅堡和美国自由女神像等世界级景观均用乐高积木以1∶20的比例拼就，园中还有用积木搭建的美国总统华盛顿、杰斐逊、林肯和罗斯福人像，主题公园为乐高迷们提供了释放创意的机会。如今，乐高的塑料块已经成为人们益智与放松的一个好玩具，其足迹遍布全球。

八、威客

能否利用别人的知识、智慧、经验或技能来为自己赚钱？这个问题已经找到了答案。2005年7月6日，中国科学院客座研究员、威客理论创始人刘锋创新性地提出了网站经营的新模式——威客模式，即网站通过帮助他人将其知识、智慧、经验、技能通过互联网转换成实际收益，从而实现自身的盈利。在威客模式下，任务发布者将任务经费全额预付给威客网站、永不退款、网站扣20%。网站将任务发布者的任务在网站内以悬赏形式进行公告，众多威客投标竞争这一任务。中标的威客通过完成任务来获得奖金。威客网站通过互联网将人的地理位置、专业特长或兴趣、联系方式、威客空间这四个最重要的属性聚合在一起，形成了关于人的搜索引擎。威客模式还通过其衍生产品增加盈利，比如，知识交易、右侧广告、竞价排名、威客推荐、联系方式、信息费等。据《2010年中国威客行业白皮书》报告：中国现有超过100家威客网站，注册会员超过2 000万，整体累积交易金额超过3亿元。

九、日本的胶囊宾馆

日本是一个生活节奏快、房价高的国家。日本社会对便利、便宜的旅馆有很大的需求，一方面是因为日本经济不景气带来失业率升高与收入下降；另一方面则因为日本人住房面积普遍较小，他们习惯了狭小的居住空间。于是在日本，有人发明了胶囊旅馆接待年轻游客、找工作的学生、商务出差的人士。胶囊好似火车卧铺，格子铺共分上下两层，每个格子间深不过2米，宽和高不过1.5米，一般晚上开门营业、白天清场关门。胶囊旅馆除了提供休息、睡觉的地方，还提供了有吸引力的公共休息室，比如吸烟和禁烟的休息室、带桑拿房的大浴场。胶囊宾馆的价格不到普通宾馆的1/3，所以很有市场。这个创意的最大特点是对社会性问题的敏感性，以及通过产品功能的细分，突破了传统宾馆空间设计的束缚。

十、e袋洗

　　如何在看似简单的洗衣服务上进行服务创新？洗衣服务常见的收费模式是按件收价，然而e袋洗公司的洗衣服务却按袋收价：99元一袋，装多少洗多少。e袋洗的发明者陆文勇是荣昌公司的董事长所相中的千里马，荣昌洗衣是有二十多年历史的连锁洗衣老品牌，陆文勇加盟该公司合作创业。他提出了一个有趣的创意：按袋收费。这个项目称为e袋洗，它的目标顾客主要是"80后"，这个项目招募社区18～60岁的居民充当"小e管家"，负责用户衣物的上门取送工作，基于社区形成"物流服务众包"。这个创新得到了很好的市场反响，e袋洗日均订单量超过三万，高峰期单日订单可达十万以上，在三十多个城市提供服务，拥有上千万个用户，业务线也已经从原来的洗衣服务拓展到洗鞋服务、高端皮具服饰养护、奢侈品洗护。[①] e袋洗招募的"小e管家"中有大量40～60岁的社区人群，这个创业项目还帮助缓解了社区的属地化就业和老龄化等社会问题。

十一、米其林创意大厨

　　各行各业都需要创新思维，包括餐饮大厨。法国明星厨师雅尼克·阿兰诺（Yannick Alléno）是2007年米其林三星厨师、2008年法国"年度最佳厨师"。他热爱创作，热爱探索味觉创新，他说进行新品创作是他投入最多时间和精力的工作，也是最能点燃他激情的工作。他去世界各地旅行来探索、发现新的食材、香料、草本调味料，每年都会创作超过两百道新菜肴。在旅行途中他所领略的异域文化，以及与当地农户或供应商的交流，帮助他挖掘到新的产品和原料，激发了他创新菜品的思路。阿兰诺认为厨师大多希望能够发现新食材、新香料，但是新菜肴的创意并不是非得依赖新食材，厨师要跳出思维定式，从常见食材中探索出崭新的口味和质感，做出令人惊喜的事，有时候稍微改变一下烹饪思路就会有不同的创新。

十二、香奈儿

　　时尚大师香奈儿从一位贫家少女跃居世界服装史的巅峰，成为20世纪最杰出的时装大师之一，所依靠的就是她的创造力。她勇敢地提出"解放身体"的哲学，首次在女装领域进行革新性的尝试，率先对女装进行男性化设计，把当时男人用作内衣的毛针织物

---

① 数据来自中国工商总局主管下的中国消费网，链接如下：http://www.ccn.com.cn/959/904460.html

用在女装上,并且将普通的布料制成简单的运动装。她设计出风格简洁的女帽,终结了宽大女帽的年代。她果敢地把晚礼服公认的传统拖地长裙缩短到与日常服装一样的长度,大胆地打破了晚礼服所拥有的传统的贵族气氛,尽可能使其变得朴素与简单。她还打破当年黑衣服只能当丧服的规定,设计出黑色小洋装。她第一个改变了长期以来把服饰品的经济价值作为审美价值的传统观念,使人造宝石大众化。香奈儿的创新精神,让她名垂青史,开创了新女性时尚时代。香奈儿的服装风格不仅在20世纪二三十年代十分风靡,其市场号召力一直延续至今。

十三、猪联网

能否通过无偿为养殖户服务来赚钱?这正是大北农集团公司创新经营的秘诀。"猪联网"在创建初期只是一款养猪场的管理小软件,是大北农集团公司开发出来免费供养殖户们使用的猪场前期生产管理软件,用来帮助养殖户们记录与分析猪存栏量、生产情况、饲料、疫苗等物资使用信息。后来,大北农将这个免费软件与互联网结合,派专业人员去各个养殖点蹲点,提供细致的辅导与服务,提高养殖户的生猪养殖效率。与此同时,大北农收集了有关生猪养殖与交易的大数据,开发了在线的猪友圈、猪管理、猪系统、猪数据、猪交易、猪金融、猪硬件等众多模块,将养猪链条上的各类资源汇集在一起,建立了专门服务于养猪业的互联网平台——猪联网。这个互联网平台促进了养猪生态圈的建立,养殖户可以从电脑或手机端将每天的生猪待售信息登记到大北农生猪交易平台,后台经过分析处理后直接形成某一区域的待售信息,大北农的生猪交易系统屠宰场等其他求购方可根据信息直接向养殖户订货,从而简化了销售环节。截至2014年年末,"猪联网"拥有用户近1 000家,服务母猪32万头、商品猪600多万头。生猪网络平台的建立,为大北农的互联网金融领域带来巨大潜力。截至2014年年底,大北农已通过金融机构向2 200余家客户累计发放小额贷款超过11亿元,有效缓解了客户发展过程中的资金瓶颈问题。①

十四、云南白药

中药是我国的四大国宝之一,凝聚着我国作为文明古国所拥有的千年文化的精华。如何将古老与现代进行结合,通过创新开发出更大的用户市场?云南白药的经营者不甘心只属于药品行业,因为一个人一生使用云南白药的频率是很低的,人不可能每天都会

---

① 数据来自北京市海淀区信息公开大厅,网页链接:http://www.bjhd.gov.cn/govinfo_new/jrb_51811/jrb_54256/jrb/jrb/201510/t20151013_1082547.html

跌打损伤。从这个角度来讲，云南白药是个小众化的市场。但是，云南白药利用技术创新与牙膏进行联合，打破了药品行业的边界，跨界到日用品行业。牙膏的使用频率比云南白药就高出很多倍，这也带动了云南白药从小众化市场转向大众消费品市场。这种跨界渗入，突破行业边界，重新定义产品领域的举措，是创新思维中的无关联结的具体实践。通过这种创新思维，云南白药将中国的传统老字号品牌在今天的市场上做得业绩斐然。

十五、圆的电影

冯小刚导演的电影《我不是潘金莲》中几乎全部画面都是圆形的，只有一小段画面是方形的，这种艺术表达形式上的创新思维，挑战了观众的感官。圆形构图对应着中国传统的圆形窗户，具有一定的复古感。然而，更重要的是这种画面设计为影片带来了一种独特的喻义，即从"偷窥"的视角将影片呈现给观众，让观众成为一个"偷窥"的旁观者，去观察片中那个光怪陆离的荒诞世界。为了配合圆形构图，影片也有意少用特写、近景以及运动幅度太大的镜头，而更多使用中景和远景，以便保证镜头中充足的信息量。影片最后的正常方形银幕画幅，则喻义"结案陈词"和"清醒"，意味着影片在讲了一个认死理的故事后，又告诉你"别太认真，这就是一笑话"。圆的电影，是一个视觉艺术的突破。

十六、作业帮

如何通过将竞争关系转化为合作关系进行盈利？在线教育服务已经得到了不少学生的喜爱，但是在线教育服务如何融入主流教育模式却是一个难题。作业帮是百度旗下的一个学生作业软件，它通过拍照答疑、练习功能开发等方法破除了在线教育与现行教育体系的二元对立，发展成为面向中小学生的移动学习平台。学生可以通过拍照、语音迅速得到难题的解析步骤和考点答案，可以迅速发现自己的知识薄弱点，精准开展相关练习；可以观看课程直播，用手机进行互动学习；也可以与全国众多名校的老师在线一对一答疑解惑；学习之余还能与全国同龄学生一起交流，讨论学习生活中的趣事。早期作业帮基于题库资源及技术优势，后续开发的手机拍照找题、同学圈好友分享等功能，将在线教育融入学校教育体系当中，与课堂教育形成互补，使得它大获成功。截至2016年9月，作业帮用户量突破1.75亿，占据拍照答题市场50%的份额。[1]作业帮通过与包括教育部、一百余家教育机构以及上万名教师资源的合作，现已拥有9 500万配备完整答案解

---

[1] 数据来自北京商报网，网页链接：http://www.bbtnews.com.cn/2016/1017/164298.shtml

析的精品题库、20 000多门在线视频课程。①2014易观互联网创新大会上，百度"作业帮"App赢得"K12在线教育创新应用大奖"。作业帮的经营体现了创新思维中的组合思维。

十七、自拍杆

为以往的概念赋予新的元素是一种常见的创新组合思维。自拍杆的新产品开发过程，很好地诠释了此类创新思维。这一风靡世界的自拍神器能够在20～120厘米长度间任意伸缩，使用者只需将手机固定在伸缩杆上，通过遥控器就能实现多角度自拍。这一产品的原始创意来自日本美能达工程师上田弘（Hiroshi Ueda）在20世纪80年代的一次欧洲旅行，他在旅游中看到很多美丽的风景，于是产生了一个灵感，要发明一种能帮助人们方便地用照相机进行自拍的工具。后来他申请了相关的专利，发明了能连接某种特定型号相机的自拍杆。然而，这项专利一直都没有得到重视，还被人们嘲笑为最没有用的发明之一。一直到2003年专利到期失效，他的发明都乏人问津。随后，加拿大发明家维恩·弗洛姆（Wayne Fromm）预见了自拍杆的大规模流行，他设计了可以连接各种相机和手机的自拍杆，不仅能支持各种拍照设备，也便于携带。2005年，弗洛姆申请了名为"支撑照相机的装置以及使用这种装置的方法"的美国专利。随后，他在市场上推出了产品，即Quik Pod。自2006年以来，该产品已演化出了多种款式。弗洛姆已经售出了100万个Quik Pod，开拓了42个国家的市场②，并已成为百万富翁。敏锐地捕捉潜在的消费需求，将以往创意与当下需求进行组合，成为自拍杆产品创新成功的关键。

十八、三国杀

由于国内外在许多产业的表现上存在差异，将中国元素与外国元素进行组合，是我国当前商业创新思维的一个重要类型。比如"三国杀"，它是国内第一款原创桌游和国内广为人知的桌上游戏。2006年，《三国杀》的北京用户只有两三百人。到了2009年，活跃用户就高达400万，游戏在大学生、白领中风靡。设计这个游戏产品的是一名"80后"大学生——黄恺。黄恺从小就喜欢玩游戏，考入中国传媒大学后，他成为国内第一批电子游戏专业的学生。他很喜欢三国故事，熟读《三国演义》《三国志》等小说，于是，他借鉴了国外许多著名桌上游戏的原型，加入中国三国时代的40位人物，设计了这款产品。在游戏中玩家可以扮演关羽、吕布、曹操，或者貂蝉、小乔等角色，进行一场斗智斗勇的游戏。游戏开始，每一位玩家得到一张随机分发的身份牌。如果扮演的是主公，必须

---

① 数据来自中国新闻网，网页链接：http://www.chinanews.com/it/2015/08-20/7479689.shtml
② 数据来自中国环球网，网页链接：http://tech.huanqiu.com/news/2015-08/7211708.html

马上亮出身份牌。主公身份会招致反贼的群起围攻,但忠臣们会不遗余力地保护你,而内奸则潜伏在主公周围。反贼的任务是刺杀主公,一旦主公死亡,反贼就取得胜利。忠臣的任务则是保护主公,只要主公成功地活到最后,即消灭了所有的反贼和内奸,正义的一方就会获得胜利。内奸则希望借正义之手消灭所有的反贼,借反贼之手消灭主公身边的忠臣,就是要消灭除了自己之外的所有人。2007年年底,杜彬、黄恺、李由3个人凑了5万元开始创业,基于这款游戏成立了游卡桌游工作室,让"三国杀"走向大市场。

十九、水立方

创新思维是左右脑结合的全脑思维,是科技与艺术的结合,这一点在一个著名的建筑设计创新上得到了很好的体现。位于北京奥林匹克公园内的"水立方"是北京2008奥运会的主游泳馆,也是2008奥运会和北京城市标志性建筑之一。"水立方"采用ETFE的透明膜材设计成独特的浅蓝色不规则"泡泡",水立方外层由1 437个"水分子"拼构而成。这个长177米,高31米的半透明立方体,呈现出梦幻般的水蓝色,有着强烈的视觉冲击力,给人以美的震撼。"水立方"的创新将中国传统文化中的要素与技术进行了巧妙的结合。"水"是自然界中的一种重要元素,水可以激发人们欢乐的情绪。"方"是建筑最基本的形态,体现了中国文化中以纲常伦理为代表的社会生活规则。这项设计获得了2011年国家科学技术进步奖(通用项目)一等奖。水立方在建筑设计创新过程中,将重视逻辑的科技与富有美学意义的传统文化进行了有机的结合,通过隐喻传达出这个建筑物的独特含义,向世界展示了中国人的创造力。

二十、互联网

我们天天用的互联网,你知道是谁发明的吗?蒂姆·博纳斯·李(Tim Berners Lee)是世界互联网的发明者。他于1990年在欧洲核研究所任职期间发明了互联网,互联网使得数以亿计的人能够利用浩瀚的网络资源。1989年,博纳斯向日内瓦的欧洲粒子物理研究所递交了立项建议书,建议采用超文本技术把研究所内部的各个实验室连接起来,他提出一旦系统建成,将来有可能连接全世界。不过该项目未被通过。1990年,博纳斯重新修改了项目书,提出要基于NeXTStep系统开发第一个真正意义上的互联网网络服务器(World Wide Web)。1991年,他建立并开通了第一个WWW网站——http://info.cern.ch/。1993年,博纳斯又参与制定了最初的URI、HTTP、HTML等规范。1994年,博纳斯加入麻省理工学院,并成立了万维网联盟(World Wide Web Consortium,W3C)。W3C由多个组织和企业构成,它建立了各种网络规范和标准,致力于提升网络质量。作为万维网之父，博纳斯并未将互联网的相关创意视为个人的致富法宝，而是无偿地把互联网构想推广到全世界，从而使网络以前所未有的速度获得发展。如果没有博纳斯，也就没有今天的 WWW 网址，互联网可能还只是少数几个计算机专家的专有领域。《时代周刊》认为博纳斯是 20 世纪最杰出的 100 位科学家之一，高度赞扬了他的个人成就。2004 年，英国女王伊丽莎白二世向博纳斯颁发大英帝国爵级司令勋章，芬兰技术基金会奖励他 100 万欧元，2012 年伦敦奥运会开幕式专门设立了"感谢蒂姆"环节。博纳斯对信息技术的深刻洞察为我们带来了互联网，这是他的创新思维送给人类的一份厚礼。

二十一、支付宝

创新洞察力来自对事物本质的把握，顾客的需求是商业创新的一个核心驱动力。当人们开始利用互联网进行网上购物的时候，对于电商信用的担忧，成为网络购物行为普及的一大障碍。当马云看到顾客的这个需求时，他开始动手开发能够建立买家与网上的卖家之间信任的产品。当时马云想找一家国内的金融机构来作为淘宝网担保交易的第三方，但是国内没有一家机构愿意去做这件事。后来，淘宝网自行开发了支付宝这个第三方支付平台，强调"简单、安全、快速"，作为第三方来担保网购交易。有了支付宝担保交易平台的助推，到 2006 年，淘宝的交易总量市场占比由 9% 上升到 70%，成千家网上商店采用支付宝作为网上交易的支付工具。同年，eBay 退出了中国市场。如今，支付宝的业务范围扩大了很多，涉及网购担保交易、网络支付、转账、信用卡还款、手机充值、水电煤缴费、个人理财等多个领域，以及移动支付，甚至许多银行与商家都已开始利用这一支付平台。支付宝的今天，源自经营者所洞察到的建立网购中买卖双方的信任机制的必要性。

二十二、立体快巴

人类的文明催生了特大规模城市，数以千万的人聚集在一个城市，加之汽车销量的快速增长，导致中国很多大城市出现严重的交通拥堵。那么，能不能造一辆车，让其他的车可以从它下面穿过，通过这种方式改善交通出行？这真是一个大胆的创意。立体快巴正是这一创意的体现，它是一种新型交通工具。这种宽体高架电车介于大巴与有轨电车之间，行驶在特定的轻轨铁路上，上层可以运送人群，下层是空的，设计成多车厢的结构，以便大型巴士的灵活转弯。立体快巴横跨在车道之上，下方允许其他车辆通行。它可以搭载 1 200 名乘客，车体底层高度为 7 英尺（约合 2.13 米）。立体快巴部分采用太阳能驱动，部分采用电力驱动，据说每年可以节省 800 吨燃料，减少 2 500 吨碳排放，可以代替 40 辆普通公交车。①这个产品设计保证它既不影响原有交通，而且提高了城市繁忙道路的空间利用率。立体快巴比地铁的造价低，又有助于解决快速公交占道拥堵的问题。2010 年，这个创意被评为《时代周刊》50 个最佳发明奖之一。一辆下层可以通车的巴士，这个富有空间创意的设计，如果发明人不能突破常规思维，就不可能设计出这款一开始让人觉得无法想象的交通工具。

二十三、魔方

一物多用是创新思维的常见技能，风靡全球的魔方就是一个典型的例子。魔方是匈牙利布达佩斯建筑学院厄尔诺·鲁比克（Ern Rubik）教授在 1974 年发明的。为了帮助学生们认识空间立方体的组成和结构，增强空间思维能力，他动手做出了第一个魔方的雏形，在 1974 年他获得匈牙利魔方产品的专利（HU170062）。1977 年，魔方首次出现在布达佩斯的玩具商店里。德国企业家拉克希在布达佩斯的一家咖啡馆喝咖啡时，无意中注意到吧台前的服务员专心地玩着一个彩色的立方体玩具，竟然忘了给他续杯。但是拉克希并没有生气，他好奇地从服务员那里买下了这个小玩具，开始了解它的奥秘。第二天，他就向一家德国玩具生产公司（Konsumex）提出了生产和销售建议。1979 年，拉克希带着鲁比克的魔方来到了纽伦堡的玩具博览会，成功地将魔方推销给一家英国玩具公司的老板，并且签署了在全球市场推广魔方的协议。20 世纪 80 年代，魔方成为全球最畅销的玩具之一。各类人群，尤其是数学家，都非常热衷于玩魔方。魔方爱好者在全球开展魔方大赛，还开发出令人惊讶的蒙眼玩魔方等新奇玩法。

二十四、微波炉

珍惜偶然的发现，开展相关原理的探索，往往会带来令人意想不到的创新。微波炉的发明者是美国工程师珀西·勒巴朗·斯宾塞（Percy LeBaron Spencer）。微波炉最早的名称是"爆米花和热团加热器"（Popcorn and Hot Pockets Warmer），它是在雷达技术研发项目中被偶然发明出来的。"二战"爆发后，斯宾塞在一家公司从事雷达技术开发工作。斯宾塞喜欢吃甜食，一天，他在实验室做实验时，一块巧克力棒粘在了短裤上。斯宾塞注意到，当他运行磁控管时，裤子上的巧克力棒融化了。思维敏捷的他给出了一个似乎不太合理的解释：肉眼看不见的辐射光线"将其煮熟了"。斯宾塞在好奇心的驱动下，继续用磁控管做实验，利用这种装置让鸡蛋爆裂，还去烤爆米花，这些实验都证明了他的猜想。最后，他设计了一个箱子将这个装置包装起来，变为一种烹饪食品的新工具并推

---

① 数据来自环球网，网页链接：http://www.huanqiu.com/www/mobilenews/hot/2016-05/8978383.html

向市场。这就是今天我们所使用的微波炉的原型。如果没有斯宾塞敏锐的观察能力与大胆联想的能力,很难想象雷达领域的技术会进入普通百姓的厨房。

二十五、分众传媒

不受制于当下流行的共识,而去寻找被众人忽略的要素,很可能创造出新的商业机会。通常媒体所面向的受众群体越大,它的竞争力就越强,然而有人却偏偏专攻小众传媒。华东师范大学中文系毕业的江南春,动用思维模式创新,在小众传媒上打出了一片大天地。他思维的独特点在于,当其他人都共同看重户外媒体的地理位置时,他却在思考如何把广告植入人们日常生活的轨迹中去。他发现在社区公寓楼等人们生活轨迹必经的点却没有广告媒体。于是,分众传媒就在电梯里放了电梯海报,变成框架媒体;在写字楼电梯口安装楼宇电视,在大家等电梯的时候,播放广告;在卖场装电视,播放广告;在电影院片前安置广告。通过将消费者的生活、工作、购物、娱乐的轨迹点设计为广告投放点,分众传媒发展成为当前中国最大的生活圈媒体。

二十六、希尔顿

通过组合思维集成各类商业资源是一种重要的商业创新与智慧,著名的希尔顿酒店就是一例。希尔顿酒店创始于20世纪20年代。当初,创始人希尔顿在达拉斯商业街上漫步,发现这里竟然没有一家像样的酒店,于是萌生了建造一家高级酒店的想法。他很快就看中了一块好地盘,但是当时土地的出让价格为30万美元,而他只有5 000美元。可是,他把30万美元的地皮费用分解到了每年每月,提出了以下的条款:租用土地90年,每年支付3万美元,按月支付,90年共支付270万美元,一旦支付不起,对方就可以拍卖酒店。这个条款让对方感到占了大便宜,于是他就签下了土地租赁协议。由于资金依然短缺,于是希尔顿又去找投资商,将开酒店的方案以及诱人的经营远景讲给投资商听,吸引了大投资商与他合作建酒店。酒店如期建成,经营效益超出预期,获得了巨大成功。希尔顿也由此走上世界级酒店大王之路,一度跻身全球十大富豪之列。

二十七、海底捞服务

在常见的项目中增加新元素或扩大原有元素也可以带来商业创新。比如,餐饮业的常见竞争力在于美味、特色、安全,可是有一家火锅店却以服务制胜,它就是"海底捞"。在"海底捞"这个品牌推出之前，市场上已经有很多火锅店，几乎趋于饱和。为了能够异军突起，就必须改变传统的商业做法，与其他市面上的火锅店有所区别，创造自己独特的价值。"海底捞"推出了服务制胜的新思路，它从停车泊位、等位、点菜、中途上洗手间、结账等全流程的各个环节入手，提供非常细致与贴心的服务。在"海底捞"排队等位的顾客可以上网、玩牌、下棋、喝东西，接受免费的擦皮鞋和美甲等服务。吃饭时服务员会帮顾客将手机装到小塑料袋以防进水，会给长发女士提供橡皮筋和小发夹，为戴眼镜的客户送来眼镜布。这种超出期望的服务，帮助"海底捞"很好地迎合了顾客的心理，从而在竞争激烈的市场中胜出。

二十八、PPG 衬衫

将其他领域的原理迁移到本领域往往能带来新的创意，迁移思维也是创新思维的一个重要类型。比如有一家公司将戴尔电脑公司的经营理念迁移到衬衫经营上。在个人电脑领域，戴尔的经营理念是：按照客户要求制造计算机，并向客户直接发货以节省中间的物流环节。PPG 衬衫公司的商业模式也与之类似：将 PPG 品牌男装交给位于长三角地区的七家合作企业贴牌生产，PPG 负责产品质量的管理，然后通过无店铺的在线直销和呼叫中心方式（而不是通过传统的零售渠道）将产品直接交到消费者手里。PPG 将面料生产、成衣加工、物流、质检等环节完全外包出去，实现了低廉的制造成本，为 PPG 产品的低价格创造了必要的基础。PPG 通过互联网和呼叫中心这种简单直接的订单购买方式，摒弃了冗长而效率低下的实体渠道体系，免去了开专卖店的铺货及库存，省下大量的库存成本，削减了渠道中间环节的利益递加，克服了传统服装经营模式下渠道成本积压过高的问题。它采用的网上直销模式——直接面对终端客户，如果有某一位消费者推荐朋友前来购买衬衫，那么这位消费者在以后购买 PPG 衬衫时可以享有优惠，通过给消费者一定的好处让他去为自己的品牌进行口碑式传播。PPG 的创始人李亮认为他们是衬衫行业中的"戴尔电脑"。

第二章

创新思维的训练提升

第一节 创新思维及其测量

创造力（create，creation）由拉丁语 crēscere 派生而来，它的词意是创建、生产与造成。根据韦氏字典（Webster Dictionary）的阐述，创造力指"创造的能力、才艺智力的开发"。《现代汉语规范词典》对创造力的解释是：① 创造出未曾有过的，首次做出或首次建立；② 首先完成或建立的成果。1950 年，美国心理学会主席乔·吉尔福特（Joy P. Guilford）在他的就职演讲上，明确提出人人均有创造力，而之后学术界对创造力却关注得太少。时至今日，心理学领域与教育学领域的学者对创造力的研究十分关注，在美国，对创造力的研究已经在美国心理学会占有一席之地，心理学会的第十分会就是创造力分会。

一、高创造力者的特征

高创造力的人在思维上具有一定的特征。吉尔福特提出创造性个体具有以下特征：① 对问题的敏感性；② 流畅性，包括形象流畅性、语调流畅性、思维流畅性、联想流畅性、表达流畅性；③ 灵活性，指自发灵活性、顺序灵活性；④ 独创性；⑤ 分析能力；⑥ 综合能力；⑦ 发现或改组新定义的能力；⑧ 思维强度、洞察力、穿透能力（Guilford，1970）。

托仑斯认为创造者具有以下特征：① 喜欢深度思考；② 容忍错误；③ 热爱工作；④ 目标清晰；⑤ 享受工作；⑥ 不介意成为少数派；⑦ 与众不同；⑧ 不世故；⑨ 有使命感；⑩ 有勇气做创新（Torrance，1995）。

我国学者王极盛（1986）用自评法调查了 28 位学部委员和 127 位一般科学工作者，

发现科学创造力高的个体拥有以下智力因素：思维能力、独立思考、分析能力、联想能力、判断能力、记忆力、想象力、思维综合能力、思维灵活性和观察力，以及非智力因素：事业心、勤奋、兴趣、责任心、求知欲、进取心、意志、自信心、意志顽强性和情绪。张景焕（2005）对34位院士进行了访谈，发现创造人才均具备的几个心理特征是：一般智力强、勤奋努力、内在兴趣和研究技能策略。科学创造人才的心理特征可以归纳为5个因素：内部驱动的动机、问题导向的知识构架、自主牵引性格、开放深刻的思维与研究风格、高基础智力。总结国内外的研究观点，富于创造性的个性所具有的主要特征包括个性、态度与认知能力。创新思维与认知能力和个性、态度有一定的关系，但是又是相对独立的特征。汤超颖等人调研了中国科学院30个研究所的283名杰出科研人员与264名普通研究人员，发现有组间区分度的特征是科研人员的思维品质，而不是人格特点或勤奋努力（Tang & Kaufman, 2015）。

二、创新思维的内涵

有关创新思维内涵的研究，主要有以下几种观点：

第一类观点认为，创新思维的核心是发散思维。发散思维是指从已知信息中产生独特的新信息的一种沿不同方向、在不同范围、不因循传统的思维方式。1967年，美国心理学家吉尔福特提出了"智力三维结构"模型。吉尔福特认为，人类的智力应由三个维度的多种因素组成：第一维度是指智力的内容，包括图形、符号、语义和行为等四种；第二维度是指智力的操作，包括认知、记忆、发散思维、聚合思维和评价等五种；第三维度是指智力的产物，包括单元、类别、关系、系统、转化和蕴含等六种。它们共同组成了120种独立的智力因素。他认为创造性思维的核心是其中的第二维度：发散思维（卢家楣，1987）。吉尔福特把发散思维看作是创造性思维最重要的构成成分，其特点是流畅性、变通性、独创性、精致性（Guilford, 1950）。

第二类观点认为，创新思维是发散思维与聚合思维的统一。发散思维是指个体不依常规方式，从给定的信息中产生新信息的思维形式（刘春雷，王敏，张庆林，2009），聚合思维则是个体利用已有知识经验或传统方法来分析给定信息，并从中获得一个最佳答案的思维形式（Lee, Therriault, 2013）。比如库恩认为创新思维是发散思维与聚合思维的有机统一，并且两者之间要保持"必要的张力"（库恩，1987），吉尔福特后来也认为收敛思维与发散思维的结合是创新思维的基本运动形式（吉尔福特，1991）。持有相似观点的人包括沃建中等人（沃建中，王福兴，林崇德，刘彩梅，2007），他们在对中学生创造性思维的研究中提出创造性思维是发散思维和聚合思维的统一，创新不仅思维要发散，同时也需要概括性和逻辑性等聚合思维的参与。相似地，日比野省三提出了创新思维是

"展开与整合的思维方式",指在决策过程中的每一个步骤都应该首先选择展开,然后再将它们整合,以便做出最好的决定(日比野省三,1998),即首先应该将解决问题要达到的目的展开,不断自问目的之目的是什么,一直展开到远远超过一个人实际能够达到的任何目的;然后,开始收敛和整合,找到特定的解决方案,并从更大的范围来理解今后的发展方向(付俊英,2000)。

第三类观点认为,创新思维是左右脑的共同产物,包括两种基本的思维方式:非逻辑思维和逻辑思维。非逻辑思维的主要表现形式是直观思维、灵感思维等(陈湘纯,傅晓华,2003);逻辑思维则是创新思维的基础,否则难以产生创新理论与符合逻辑的概念。张丽华和白学军(2006)认为创造性思维是一个过程、状态和结果,是大脑皮层区域不断地恢复联系和形成联系的过程,以感知、记忆、思考、联想、理解等能力为基础,以综合性、探索性和求新性为特点的心智活动(周明星,1999)。直觉、灵感及创造想象等是人们心理特征的产物和状态(赵卿梅,2002)。孔庆新和孔宪毅(2008)认为创新思维是潜意识和显意识的结合。

第四类观点,我国教育界的知名学者林崇德老师认为创造性思维是根据一定的目的,运用一切已知信息,产生出某种新颖、独特、有社会意义或个人价值的产品的智力品质(林崇德,2000)。张晓芒(2006)在总结了各类观点后提出:创新思维是思维的一种智力品质,它是在客观需要和伦理规范的要求下,在问题意识的驱动下,在已有经验和感性认识、理性认识以及新获取的信息的基础上,统摄各种智力因素与非智力因素,利用大脑有意识的悟性思维能力,在解决问题的过程中,通过思维的敏捷转换和灵活选择,突破和重新建构已有的知识、经验和新获取的信息,以具有超前性和预测能力的新认知模式把握事物发展的内在本质及规律,并进一步提出具有主动性和独特见解的复杂思维过程。

三、创新思维的测量

创新思维测量的重要研究成果是吉尔福特与托仑斯等人提出的围绕发散思维的四个主要特征所进行的思维测量。其中,发散思维的四个主要特征如下:

(1)独创性:具有与众不同的想法和别出心裁的解决问题的思路;
(2)灵活性:能从不同角度、不同方向灵活地思考问题;
(3)流畅性:在短时间内能连续地表达出的观念和设想的数量;
(4)精致性:有能力想象与描述事物或事件的具体细节。

他们还开发出针对以上四大思维特征的测量方式。这种测量方式要求被试者完成一个思维任务,比如在五分钟内列出尽可能多的曲别针的用处。然后,测评者根据这个任务的完成结果，参考测量数据库中的任务答案的出现频率，评估出被试者所具备的以上四种能力。独创性的打分依据答案的非常规性来衡量，比如"耳环"就比"把纸夹在一起"更不寻常；灵活性的打分依据答案所涉及的类别的数目来衡量，比如扣子和耳环都属于个人饰品，属于同一类别；流畅性的打分依据被试者所想出的曲别针用处的总数量来衡量；精致性的打分依据答案的细节程度，比如"做一个可以变形的书签"就比"书签"有更多细节描述。

有关发散思维测验的具体测量包括了如下方面：① 词语流畅性：迅速写出包含某个字母的单词；② 观念流畅性：迅速列举属于某一种类事物的名称，例如"能燃烧的液体"——汽油、煤油、酒精；③ 联想流畅性：列举近义词；④ 表达流畅性：就给定的四个字母，写出以它们为首的四个单词，再将四个单词组成一个短句；⑤ 非常用途：列举出一个指定物体的各种可能的非同寻常的用途；⑥ 解释比喻：以几种不同方式完成包括比喻的句子；⑦ 效用测验：尽可能多地列举每一件东西的用途；⑧ 故事命题：写出一个短故事情节的所有合适的标题；⑨ 推断结果：列举一个假设事件的不同结果；⑩ 职业象征：列举一个给定的物体或符号所象征的职业；⑪ 组成对象：利用一套简单的图形画出几个指定的物体，任一图形都可重复或改变大小，但不能增加其他任何图形；⑫ 绘图：要求将一个简单图形复杂化，给出尽可能多的可辨认物体的草图；⑬ 火柴问题：移动指定数目的火柴，保留指定数目的正方形或三角形；⑭ 装饰：以尽可能多的不同设计修饰一般物体的轮廓图。

托仑斯在此基础上，进一步将测量发展为托仑斯创造性思维测验（Torrance Test of Creative Thinking，TTCT，Torrance，1974），在各国得到了较为广泛的应用。这套测验用相对简单的语词和图形作业来测量发散性思维和其他解决问题的技能。托仑斯创造思维测验包括以下 12 个活动：

活动 1 要求根据所呈现的图画，列举出为了解该图而欲询问的问题；

活动 2 要求根据所呈现的图画，列举出图中所描绘的行为可能的原因；

活动 3 要求根据所呈现的图画，列举出图中所描绘的行为可能的后果；

活动 4 要求对给定玩具提出改进意见；

活动 5 要求说出普通物体的特殊用途；

活动 6 要求对同一物体提出不寻常的功能；

活动 7 要求推断一种不可能发生的事情一旦发生会出现什么后果；

活动 8 要求把一张边缘为曲线的颜色鲜明的纸片贴在一张空白纸上，贴的部分由他自己选择，然后以此为出发点，画一幅非同寻常并能说出一段有趣的、振奋人心的故事的图画；

活动 9 要求利用所给的少量不规则线条画出物体的草图；

活动 10 要求利用成对的短平行线或圆尽可能多地画出不同的图画；

活动 11 要求对熟悉及不熟悉的音响刺激做出想象，并写出联想到的有关物体或活动；

活动 12 要求对十个模仿自然声响的象声词展开想象，并写出联想到的有关物体或活动。

也有学者从联想距离的角度来研究创造性思维。这一研究的主要成果是远程联想测验（Remote Associates Test，RAT，Mednick，1968）。RAT 测验是基于该测验的创始人 Mednick 的远距离联想理论（Theory of Associative Creativity）而提出的。该理论认为创造性思考是将联想得来的元素进行重新整合的过程。新结合的元素相互之间相关性越低，越不容易产生联想，这个思维的过程或问题的解决就越具有创造力。Mednick 认为高创造力者有更为广泛的联想，而普通人的联想要素相对较少。广泛的联想支持遥远的、原创的、令人意外的元素组合。因此，通过测量人们的联想组织能力可以评定出个体的创造性差异。他编制了两套大学生创造力水平的测验题，每套测验含有 30 个项目。测验中给被试者呈现几组词，每组三个词，要求想出与所有三个词都可以建立联系的第四个词。这种联系方式可以是多种多样的，如同义词、语义上的联系、组成一个复合词。

国内学者在创新思维的测量上主要是借鉴"托仑斯创造性思维能力测验""吉尔福特智力能力结构测验"的相关方法（骆方，孟庆茂，2005）。聚合思维的评估主要以创造性问题解决范式的顿悟问题解决任务和远距离联想测验等任务来量度（沈汪兵，刘昌，施春华，袁媛，2015）。沃建中等人编制了《中学生创造性思维量表》，整个量表由发散思维量表和聚合思维量表两个分量表构成，发散思维量表中总共有 6 道题目，分别为"非常用途""词语联想""可能的解释""图形意义解释""组合图形"和"未完成图形"。前 4 道题目为言语材料题目，后 2 道题目为图形材料题目。聚合思维量表由 4 道题目构成，分别为"遥远联想""分类概括""事件排序"和"填充图形"。其中，"遥远联想"和"分类概括"为概括性维度，"事件排序"和"填充图形"为逻辑性维度；另外，"遥远联想"和"事件排序"为言语类材料，"分类概括"和"填充图形"为图形类材料（沃建中，王福兴，林崇德，刘彩梅，2007）。

第二节 常见的创新思维提升方法

创造力培训的有效性在实验研究、教育研究和企业实践应用中已经得到了不少验证。一项研究发现 72% 的培训项目是成功的，而综合性的项目，如创造性问题解决、创造性思维项目等被证明尤为有效。研究表明，有关社会问题解决、计划和创意任务的训练，对发散性思维的提升作用在两年之后依然有效。创造性问题解决的培训项目能提高受训者对创造力的积极态度、创意的数量和质量、创造性工作的绩效（汤超颖，黄冬玲，邱江，2015）。

有一些创新思维的培训方法已经得到了开发并被广泛使用，如名义小组法、德尔菲法、1H5W 法、5-Why 法、思维导图法等。这些方法虽然都有利于形成创意，但每种方法有其不同的侧重点。其中，有些方法侧重于激发灵感，如头脑风暴法、德尔菲法；有些方法侧重于发现问题，如 1H5W 法；有些方法侧重于呈现思考的过程以帮助形成解决方案，如思维导图法、创意核对表；有些方法侧重于对已有方案的改善从而得出新的方案，如 SCAMPER 法。有的培训项目将多种创造性思维培训方法整合起来形成一整套系统的创造力培训方法。以下我们介绍七类主要的创新思维训练方法。

一、头脑风暴法

头脑风暴法是美国创造学家亚历克斯·奥斯本（Alex F. Osborn）于 1963 年发明的一种创造性技法，它是众多创意生成方法的鼻祖（Osborn, Rona, Dupont & Armand, 1971）。头脑风暴法提倡在不加评价的氛围下分享创意，促使短时间内形成大量的创新想法。这一方法在硅谷的 IDEO 工业设计公司得到出神入化的应用。头脑风暴法被广泛应用于组织的创造力培训中。头脑风暴法旨在打破头脑中的封闭局面，掀起思考的风暴，帮助个体避免在解决具体问题时遭遇自我责备和受到他人评价的影响，从而产生尽可能多的想法。奥斯本提出了使用头脑风暴法的四条规则：第一，自由畅谈，允许异想天开的意见，设想看起来越荒唐就越有价值。参与者不受任何条条框框限制，放松思想，从不同角度大胆地展开想象，尽可能标新立异地提出独创性的想法。第二，禁止批评。所有提出来的设想都不允许进行评论，禁止挖苦和表现出相关的肢体语言，发言人的自我批评也在禁止之列。第三，追求数量。头脑风暴会议的目标是获得尽可能多的设想，追求数量是它的首要任务。它认为创意的质量和数量密切相关，产生的设想越多，其中的创造性设想就可能越多。第四，对设想进行组合与改进。除了与会者本人提出的设想之外，要求与会人员提出改进他人设想的建议并进行综合。

二、综摄法

综摄法是由美国麻省理工学院教授威廉·戈登（Willian Gordon）于 1944 年提出的一种利用外部事物启发思考、开发创造潜力的方法。戈登发现，当人们看到一件外部事物时，往往会得到暗示，这将有助于启发类比思考。类比思考会被日常生活中的各种事物激发。综摄法的两大思考原则是：使陌生的熟悉起来；使熟悉的陌生起来。综摄法提出了两种方法。第一种是人物模拟法，即一种感情移入式的思考方法，先假设自己变成他人，再考虑自己会有什么感觉，如何去行动，然后再寻找解决问题的方案。第二种是非人物模拟法，即用想象能力通过童话、小说、谚语、物体等寻找灵感。综摄法的主要步骤如下：第一步，对关心领域开展讨论，直到有人提及议题，着力激发与会者的灵感；第二步，不追求创意的数量，追求创意的质量和可行性；第三步，开展各种类比思考。

三、KJ 法

KJ 法也称"纸片法"，它的创始人是东京工业大学教授、人文学家川喜田二郎，KJ 是他的英文名字 Jiro Kawakita 的缩写。1954 年，川喜田整理他在喜马拉雅探险中所获得的资料时发明了这种方法。KJ 法将未知的问题、未曾涉及领域的问题的相关事实、意见或设想之类的语言文字资料收集起来，并利用其内在的相互关系归类合并制作成图，以便从复杂的现象中整理出思路，抓住实质，找出解决问题的途径。KJ 法先收集某一特定主题的大量事实、意见或构思语言资料，根据它们的关系进行分类综合。然后利用这些资料间相互关系的归类整理，打破现状，采取协同行动，求得问题的解决。KJ 法的流程如下：第一步，制作纸片。把事实要素分别书写在卡片上，每张写一个信息，要尽可能地写得具体、简洁。第二步，卡片分组。反复阅读这些卡片，附上标签，避免过分抽象和只进行简单的加总。第三步，编制小卡片群，思考并标出卡片群之间的关系。第四步，阅读，抓取关键要素并形成创新思路，用文字表达出来。

四、SCAMPER 和十二聪明法

SCAMPER 方法是美国教育管理者罗伯特·艾伯尔（Robert Eberle）于 1971 年提出的一种综合性思维策略。SCAMPER 是 substitute（替换）、combine（组合）、adapt（调整）、modify/magnify/minimize（修改/放大/缩小）、put to other uses（用作他途）、eliminate（排除）、reverse/rearrange（颠倒/重新排列）的首字母缩写。相似地，上海创造学会研究出十二聪明法，也叫思路提示法，共 12 句话 36 个字。该法已被日本创造学会和美国创造教育基金会承认，并译成日文、英文在世界各国流传和使用。十二聪明法的具体内容包括：

（1）加一加。考虑能在这件东西上添加些什么吗？需要加上更多时间或次数吗？把它加高一些、加厚一些行不行？把这样东西跟其他东西组合在一起会有什么结果？汇集建议，开讨论会，集思广益一下如何？

(2) 减一减。考虑可在这件东西上减去些什么吗？可以减少些时间或次数吗？把它降低一点、减轻一点行不行？可省略、取消什么东西呢？

　　(3) 扩一扩。考虑把这件东西放大、扩展会怎样？加长一些、增强一些能不能提高速度？

　　(4) 缩一缩。考虑把这件东西压缩、缩小会怎样？拆下一些、做薄一些、降低一些、缩短一些、减轻一些、再分割得小一些行不行？

　　(5) 变一变。改变一下形状、颜色、音响、味道、运动、气味、型号、姿态会怎样？改变一下次序会怎样？

　　(6) 改一改。这件东西还存在什么缺点？还有什么不足之处需要加以改进？它在使用时是否给人们带来不便和麻烦？有解决这些问题的办法吗？这件东西可否挪作他用？或保持现状，做稍许改变？

　　(7) 联一联。某个事物的结果跟它的起因有什么联系？能从中找到解决问题的办法吗？把某些东西或事情联系起来，能帮助我们达到目的吗？

　　(8) 学一学。有什么事物和情形可以让自己模仿、学习一下吗？模仿它的形状、结构、功能会有什么结果？学习它的原理、技术又会有什么结果？

　　(9) 代一代。这件东西能代替另一样东西吗？如果用别的材料、零件、方法行不行？换个人做、使用其他动力、换个结构、换个音色行不行？换个要素、模型、布局、顺序、日程行不行？

　　(10) 搬一搬。把这件东西搬到别的地方，还能有别的用处吗？这个想法、道理、技术搬到别的地方，也能用得上吗？可否从别处听取到意见、建议？可否借用他人的智慧？

　　(11) 反一反。如果把一件东西、一个事物的正反、上下、左右、前后、横竖、里外颠倒一下，会有什么结果？世界上很多的发明都是通过反向思维而获得的灵感。

　　(12) 定一定。为了解决某个问题或改进某样东西，为了提高学习、工作效率和防止可能发生的事故或疏漏，需要规定些什么吗？

五、水平思维训练

　　1967 年，爱德华·德·波诺认为创新思维要打乱原来明显的思维顺序，从另一个角度找到解决问题的方法，即水平思维。《牛津英语大词典》中水平思维的定义是：以非正统的方式或者显然非逻辑的方式来寻求解决问题的办法。水平思维打破了我们常规的思考习惯，它不过多地考虑事物的确定性，而是考虑多种选择的可能性。水平思维强调结果，强调创意的推进，而不是一味地追求决策的正确性或评价。水平思维方式不是关心如何完善旧观点，而是在意如何提出新观点，关注价值重整、模式创新、理念突破、重新定位。波诺认为思维最大的敌人是混乱，因此要对思维进行分解，知晓思维的运行方式。20 世纪 70 年代初，波诺创立了柯尔特思维训练课程，被美、日、英、澳等五十多个国家在学校教育领域内设为教学课程，他还开发了六项思考帽这一有助于创造力思维提升的工具，六顶颜色的帽子比喻六种基本思维功能：白帽子代表事实和资讯；黄帽子代表与逻辑相符合的正面观点和积极因素；黑帽子意味着警示与批判，发现事物的消极因素；红帽子代表感觉、直觉和预感，形成观点和感觉；绿帽子代表创造性解决问题的方法和思路；蓝帽子代表对思维的整体过程的控制。知晓当下思考所对应的思考帽，以及所对应的六项思考帽的排列顺序和组合，对于个体和团队把握自己的思维进展，厘清思维的混乱都有积极的作用。

六、全脑思维及思维导图

1981 年，美国加利福尼亚大学罗杰·斯佩里（Roger Sperry）及其同事获得了诺贝尔奖，他们发现大脑左半球擅长语言和计算，习惯于做分析；大脑右半球擅长空间的识别和对音乐、艺术、情绪的感知，偏向于整体直观分析。大脑左半球和右半球在功能上存在分工与合作，相辅相成。并且，当右脑的大脑皮层处于活跃状态时，左脑的大脑皮层处于相对宁静和冥想的状态；当左脑的大脑皮层处于活跃状态时，右脑的大脑皮层则处于相对放松和平静的状态。开展全脑思维将有利于创造力的开发，与这个思路相对应的是东尼·博赞（Tony Buzan）发明的思维导图。它是用图形辅助思考的简洁而有效的工具，以全脑思维替代线性思维的一种思考方法，具有以下作用：梳理凌乱的想法，聚焦主题；进一步拓展主题；在孤立的信息之间建立联系；清晰画出的全景图，可以帮助观察到所有细节与整体；对关注的主题加以形象的描绘，便于发现当前的不足；便于进行概念组合和再组合，进行各要素之间的比较；有助于维持思维的积极性，不断探索方案；把注意力集中在主题上，将短时记忆转化为长时记忆；促进思维发散，多角度捕捉新思想。

七、创造性问题解决

这一方法是奥斯本及其同事开发的，它包括三大功能：问题理解、创意产生和行动计划，由 6~8 个创造性问题解决阶段或问题解决步骤组成，涉及发现困境、发现问题、搜寻信息、寻找创意、寻找方案以及确定可接受的方案等步骤。每个步骤中均需要开展发散思考和收敛思考（Puccio, Cabra, 2009）。创造性问题解决方法包括大量练习与工具，是创造性技能与方法的集成应用。近年来，国外学者进一步提出创造性问题解决过程与 8

项能力有关：问题构建或问题发现、信息收集、概念搜寻与选择、概念整合、创意产生、创意评估、实施规划、行为评价，并证明这些技能对创造性绩效有积极影响。创造性问题解决方法及其相应的工具在各类机构中已经得到了较广泛的推广。

以上七类创新思维训练方法侧重于创新思维的流程与工具应用，专注于思维能力的某些侧面，但目前有关提升个体创新思维全面能力的通用方法还比较缺乏。

第三章

旨在改变思维习惯的脑体操

第一节 相对稳定的思维风格

思维风格是指人们进行思考的偏好方式。思维风格既不属于能力范畴，也不属于人格范畴，而是介于两者之间的一个连接。斯腾伯格于1991年提出思维风格理论。按照斯腾伯格的观点，思维风格是运用一种或者几种能力进行思考的方式，反映了个体运用自己思维能力的方式和特点，而不代表思维能力的高低（罗斐，吴国宏，2004）。斯腾伯格将个体的思维风格划分为5大类13种。

第一，按照思维的功能划分，包括立法型（legislative style）、执法型（executive style）、审判型（judicial style）。立法型风格的特点是喜欢创造性地解决问题，依照自己的方式做事，倾向于创造和提出规则。具有这种风格的人善于推陈出新，引导社会潮流。执法型风格的特点是喜欢按照既定的规则、程序解决问题，喜欢已构建好的活动，倾向于分析，具有这种风格的人喜欢从事结构、程序和规则相对固定的工作。审判型风格的特点是喜欢判断和评价已有的办事规则、程序、事物和观念，善于从事分析和评价性工作，是现有体制得以巩固和完善必不可少的特质。

第二，按照思考者对任务结构性的偏好，思维风格可以分为专制型（monarchic style）、等级型（hierarchic style）、平等竞争型（oligarchic style）和无政府型（anarchic style）。专制型风格的特点是喜欢在同一时间内集中精力处理一件事情，做完一件事情再做另一件事情，并且在做事时不易受外界的干扰。等级型风格的特点是可以同时面对多项任务，有很好的秩序感，能明确它们的轻重缓急，处事有条不紊。平等竞争型风格的特点是能同时面对多项任务，但不能根据事情的轻重缓急做出明确的安排，认为多个目标都同等重要。无政府型风格的特点是喜欢没有规则和结构约束的任务，倾向于灵活、随心所欲地工作。

第三，按照思考者的注意力领域，思维风格可以分为全局型（global style）和局部型（local style）。全局型风格的特点是喜欢面对全局，处理整体的、抽象的事物，喜欢概念化、观念化的任务。局部型风格的特点是喜欢处理具体的任务，倾向于关注细节，完成任务时能够深思熟虑。

第四，按照思考者的个人能量来源，思维风格可以分为内倾型（internal style）和外倾型（external style）。内倾型风格的人喜欢单独工作。外倾型风格的人喜欢与他人一起做事，或在团体中工作。

第五，按照思考者的冒险倾向，思维风格可分为激进型（liberal style）和保守型（conservative style）。激进型风格的特点是喜欢有新意、不确定的情景，喜欢尝试新鲜事物，不喜欢一成不变的任务。具有这种风格的人喜欢最大限度地超越现有规则和程序，对有歧义的事情非常感兴趣。保守型风格的特点是喜欢熟悉的生活，遵循传统和习俗，尽可能避免有歧义的情况，喜欢熟悉的工作环境等。

思维风格是一种思考的偏好，研究发现思维风格与创造力之间有一定的关系。

第二节　可以改变的思维方式

思维方式包括思维目标、思维模式、思维策略。思维目标即思维所要实现的目的和结果；思维模式是长期形成的思维态势和惯性；思维策略是在一定思维模式的前提下所具体运用的思维技巧和方法，它是主客体相互作用的结果。例如，科学认识的过程中需要用到归纳法、演绎法、分析法、综合法、抽象思维与具体思维（张周志，2008）。思维方式主要由知识、观念、方法、智力、情感、意志、语言、习惯等要素组成（陈新夏，郑维川，张保生，1988）。

与思维风格不同，思维方式是可以改变的。中西方思维的对比研究发现，中国人思维方式的特征包括注重伦理、道德；重悟性、直觉、意象；内向、守旧；求同、求稳，重和谐。而西方人思维方式的特征是注重科学、技术；重理性、逻辑、实证；外向、开放；求异、求变、重竞争（连淑能，2002）。然而，在全球化的趋势下，不同文化中的思维方式之间，也正在经历相互的影响与渗入。比如清华大学中国管理研究中心许文胜在其《易经之道》一书中指出：易经思维是以形象思维为主，逻辑思维为辅，采用归纳和推演的多重手段对事物进行描述和本质分析的辩证思维方法（许文胜，2008）。易经思维既包含了"归纳法"与"推演法"为主体的思维方法，又包含了"类推思维、类象思维"与"交合思维、互变思维"为核心的思维模型，是一套独特的思维体系。如今，在各个领域内，易经所提倡的思维方式已经受到越来越多的关注，在不同国家与文化中得到了推广。

创造性地解决实际问题所需要的思维能力与思维习惯之间有着重要的关联。创造力研究发现，显而易见的思考，往往得不到新颖的方案。要取得创新型的方案往往需要刻意地投入思考，只有在没有得到新颖方案前不断地思考，才有可能获取与众不同的创意。因此，刻意思考的思维习惯是个体重要的创新思维特征，它是个体创新素质的重要方面。习惯性地进行创新性思考，对于个体创造潜力的开发与持续的创造力提升有很大的好处。如果一个人只是在知识层面掌握各类的技能与工具，但是在习惯层面却无法将这些技术与工具投入应用，也是枉然。以往的创新思维训练侧重于创新思维的方法、工具、技能方面的提升，对思维习惯的养成重视不够。

创造性地解决问题的关键不在于一个人掌握了多少知识，而是取决于一个人能调用多少知识以及把握知识要素之间的关联性。正如法国教育学家安德烈·焦耳当（André Giordan）所提出的，导致学习者思维独特性的并非是他所录入的观点，而是他有能力启动和调用关联的观点，即"变构学习模型"（allosteric learning model）（安德烈·焦耳当，裴新宁，2010）。习惯性地开展创新性思考，需要大量的练习。心理学家发现以练习为主导的方法是有效性很高的学习方法（Dunlosky, Rawson, Marsh, Nathan, Willingham, 2013）。回想起前几年风靡一时的疯狂英语学习法，这种学习方法的发明人李阳提出了一个重要的理念：口腔肌肉训练法。通过最大声、最快速、最清晰地朗读英语，让学习英语成为"体力劳动"与脑力劳动的结合，通过操练让外语脱口而出，这种操练式的学习方法有一定的内在科学性。赫伯特·亚历山大·西蒙（Herbent Alexander Simon）推测，国际象棋大师能够在长时记忆系统中存储 5 万～10 万个棋局组块，获得这些专业知识大约需要十年，这就是我们通常所说的专业技能习得的十年定律。虽然十年定律在很多领域并不一定成立，但是刻意练习的理念确实很有启发意义。如果对思维的创造性进行刻意的训练，有望帮助我们突破思维定式的束缚，自觉开展各类思维活动，提升思维的创造性品质，从而更为创造性地完成工作与学习任务。

第三节 体操式创新思维训练法

一、创新思维的七要素

有关创新思维的研究在近几十年得到了蓬勃的兴起。托仑斯在长期的研究中总结出以下 18 个创新思维要素：① 问题意识。理解所处的状况，界定问题，投入解决问题，识别核心难点，定义可以解决的子问题。② 发现问题。需要独特的角色意识与敏感性，以及一定的前瞻与预见能力。③ 原创性。避免理解浅薄，突破惯性思考，产生不寻常的回应，选择新颖的视角。④ 保持开放。避免方案没有酝酿成熟就提前关闭，克服用最简易方法快速完成任务的倾向。⑤ 组织与整合。将感知体系中的要素进行新的组合，将不相关的要素组合在一起，将熟悉的变为陌生的，将陌生的变为熟悉的。⑥ 关注触觉与听觉。在意肌肉运动的知觉，在意听觉、视觉上的反应。⑦ 突破边界。在规则之外思考，改变问题所在的范式或系统，考虑许多替代方案。⑧ 突出本质。确定什么是最重要的和绝对必要的，撇除错误的或相关的信息，放弃没有前途的信息，以单一观念或创意为核心，同时整合其他创意。⑨ 了解情绪。识别言语和非言语线索，对情绪做出反应，理解情绪并利用情绪更好地了解人物和现状。⑩ 通过视觉化来促进想象。用生动、令人激动的图像，产生令五官愉悦的、多彩的、令人兴奋的想象。⑪!换个角度看问题。能够从不同的视觉角度、心理角度和心态来观察事情。⑫!培育与使用幽默。对认知上的不协调做出令人惊喜的反应，对知觉与概念之间的差异进行识别与回顾。⑬!灵活多样。从不同的内容、类别、心智模式和角度来看问题。⑭!适当的情节。添加细节或想法并开发它们，补充可执行的细节。⑮!把创意放置于特定的场景。把经验放在一个更大的框架里，进行有意义的组合，在事物之间建立联系，将情境和创意放在历史背景中加以考虑。⑯!享受和使用幻想。想象与把玩那些抽象的不存在的事情。⑰!想象事物的内部状况。注重事物的内在动态变化，描绘事物的内部状况。⑱!未来导向。预测、想象和探索尚不存在的东西，想象事情的可能性，对事件保持开放心态（Torrance，Safter，1998）。

从托仑斯等人以及国内学者们提出的创新思维要素来看，创新思维是理性思维与感性思维共同作用的产物。然而，同时具备这些能力并不容易。由于教育与学习的一些传统偏见，其中一些能力得不到训练，因而也就无法形成有创新力的思维组合。本书在理解这些研究的基础上，从发散性思维的测量得到启示，提出可以通过训练提高的创新思维的七个基本要素和相应的思维训练方法。

第一，固化思维突破法。要打开创新思维的阀门，就需要警惕思维定式，在思维定式之外进行创新。本书第四章设计了9个训练，包括：寻找规则、突破广告的常规诉求点、突破广告的常规投放点、脑筋急转弯、找理由、顿悟数学类问题、顿悟文字类问题、顿悟图形类问题、点石成金。这一方法旨在提升个体的思维活跃度和发散度，帮助其摆脱定势思维的束缚。

第二，问题意识的敏感性训练法。把握创新机会是开发创造力的重要一步，包括由于环境改变带来的机会、由于竞争对手策略改变带来的机会、挖掘潜在价值所带来的机会。本书第五章设计了3个训练，包括：不常见的外形谁喜欢、不常见的功能谁喜欢、功能-利益相关群体分析。这一方法旨在提升个体对外界机会与内在直觉的敏感性。

第三，抽象与本质思维训练法。抽象思维赋予人类自由思考的能力，使人更有可能捕捉到事物的本质，相关研究也证明抽象思维对于创造性地解决问题有积极的作用。本书第六章设计了 5 个训练，包括：猜类别名称、串词编故事、短文标题还原、辩论两方的立场、给图命名。这一方法旨在提升个体在抽象层面上把握事物与观点本质的能力。

第四，联想与组合思维训练法。本书第七章设计了 10 个训练，包括：踩西瓜皮联想、短路联想、多路联想、功能联想、组画成故事、组词编故事、编主题故事、寻找共同词汇、编曲、表演。这一方法旨在提升个体远程联想、有目的联想、左右脑共同联想的能力。

第五，类比思维训练法。类比带来了跨领域的思考，这种交叉的思考对创新是十分宝贵的。本书第八章设计了 7 个训练，包括：类比、物品体验、两人表演、隐喻、换位思考、化身为动物、原型启示法。这一方法旨在提升个体从不同视角分析事物特质、用途和情感的能力。

第六，原理迁移思维训练法。本书第九章设计了 3 个训练，包括：原理大迁移、物品原理互通、职业大转换。这一方法旨在提升个体跨界思考的能力。

第七，创新导向的元思维提升法。本书第十章设计了 7 个训练，包括：好奇心提问法；与众不同；创新高手会如何想；变得相似；变得不同；尝试新事物；我可以更有创造力，如果我……这一方法旨在提升个体对自身创造力的信心与创新思考的偏好。

二、专注于日常思维习惯养成的训练法

思维习惯对创造力的影响巨大。习惯要靠不断的训练加以改变与培育。创新思维也可以经过不断的训练，内化为一种个人习惯。伦敦大学的健康心理学家费莉帕·勒理及其同事招募了 96 名参与者，让他们每天重复一项与健康相关的活动，持续 84 天，看看有多少人可以形成习惯。参与者可以选择晚餐前做 50 个仰卧起坐，早餐后散步 10 分钟或者饭前做 15 分钟的运动，没有任何其他的外在激励。参与者每天登录一个网站，报告他们是否完成了前一天的任务，并填写一份测量行为自动化的量表。量表的条目包括："我想都不用想就完成了""不去做反而很困难"等。研究发现，坚持到最后的参与者都呈现出了相似的模式。参与者平均需要 66 天来形成这些习惯，也有的人只用了 18 天就达到了自动化，而有一些参与者到第 84 天还没有成功。英国谢菲尔德大学的心理学家克里斯托弗·阿米蒂奇研究发现，如果让参与者间断一个星期，行为自动化的效果就会大打折扣。

神经科学的研究也发现习惯的形成与脑内神经间新放电模式的建立有关。麻省理工学院的神经科学家安·格雷比尔的团队发现，一旦形成新的习惯，基底神经节就会形成新的神经活动模式。旧习惯消退时，原有的神经活动模式也会发生改变。如果重新习得

同样的行为，恢复原有的神经连接所需的时间更短。

在这些发现的启示下，本书的脑体操旨在帮助读者通过持续的、大量的练习，将开展创新性思考训练成一种思维习惯。读者可以每天花费15～20分钟的时间，练习书中有关七类思维的训练题。当你开始训练时，记住不要停止，要持续训练一段时间。虽然我们现在还不能明确每个人的训练时间多长为最佳，但是持续地训练是必要的，比如坚持1～2个月。能力培养的训练通常会经历以下三个阶段：第一阶段，刻意、不自然，需要十分刻意地提醒自己进行训练，如果觉得有些不自然和不舒服是很正常的。第二阶段，刻意、自然，已经觉得比较自然，比较舒服了，但是一不留意，还会退回去。因此，还需要刻意提醒自己保持练习。第三阶段，不经意、自然。这是"习惯的稳定期"，说明这项习惯已经成为日常思维的一个有机组成部分，它会自然而然地、不停地为您的创造力"效劳"。

第四章

固化思维突破法

第一节 随处可见的思维牢笼

当我们变得习惯于用熟悉的方式感知事物，看待事物的意义、关系或用处时，我们就形成了思维定式，也称为惯性思维。威廉姆·贝弗里奇（William Beveridge）在其《科学研究的艺术》一书中解释了思维定式，当我们的思想多次重复特定的路径时，下一次采取同样思路的可能性就更大。我们在不断思考的过程中，在观念之间建立了联结，并不断强化这个联结，最后，这些联结被牢固地建立起来，以至于我们很难打破它们。思维定式所带来的结果如同条件反射，使我们在思考过程中受到自己的局限。即使我们具备足够的条件来解决问题，也无法运用这些潜能开展工作，最终导致被困其中。

一、思维定式的故事与实验

关于思维定式，有不少经典的故事。

故事一：修理工对阿西莫夫说："嗨，博士，我来考考你的智力，出一道思考题，看你能不能正确回答。"阿西莫夫点头同意。修理工便开始出题："有一位聋哑人，想买几枚钉子，就来到五金商店，对售货员做了这样一个手势：左手食指立在柜台上，右手握拳做出敲击的样子。售货员见状，给他拿来一把锤子，聋哑人摇摇头。于是售货员明白了，他想买的是钉子。""聋哑人买好了钉子，刚走出商店，接着进来一位盲人。这位盲人想要买一把剪刀，请问，盲人将会怎么做？"阿西莫夫顺口答道："盲人肯定会这样——"他伸出食指和中指，做出剪刀的形状。

故事二：一位父亲和他的儿子发生了车祸，父亲当场就死了，儿子被人匆忙送入医院。手术室里，外科医生看到这个男孩说："我不能给他做手术，他是我的儿子。"请问：这是怎么回事？许多人看到这个故事的时候，第一反应是外科医生是孩子的爸爸。因为思维定式告诉他们外科医生是男性。事实上，这个医生也可以是孩子的妈妈。

　　故事三：拿破仑被流放到圣赫勒拿岛后，他的一位善于谋略的密友悄悄地给他捎来一副用象牙和软玉制成的国际象棋。拿破仑爱不释手，从此一个人默默下起了象棋，打发着寂寞痛苦的时光。象棋被摸光滑了，他的生命也走到了尽头。拿破仑死后，这副象棋经过多次转手拍卖。后来一个象棋的拥有者偶然发现，有一枚棋子的底部居然可以打开，里面塞有一张如何逃出圣赫勒拿岛的详细计划。

　　实验一：在一个小实验中，把6只蜜蜂和6只苍蝇装进同一个玻璃瓶中，然后将瓶子平放，让瓶底朝着窗户。结果发生了什么？你会看到，蜜蜂不停地想在瓶底找到出口，一直到它们力竭毙命或饿死；而苍蝇则会在两分钟之内，穿过另一端的瓶颈逃逸一空。蜜蜂出于对光亮的喜爱，便以为"囚室"的出口必然在光线最明亮的地方，于是不停地重复着这种合乎逻辑的行动。蜜蜂由于固化的经验，找不到出口而死亡。

　　实验二：法国心理学家约翰·法伯曾经做过一个著名的实验，称之为"毛毛虫实验"。他把许多毛毛虫放在一个花盆的边缘上，使其首尾相接，围成一圈，在花盆周围不远的地方，撒了一些毛毛虫喜欢吃的松叶。毛毛虫开始一条跟着一条，绕着花盆的边缘一圈一圈地爬，一小时过去了，一天过去了，又一天过去了，这些毛毛虫还是夜以继日地绕着花盆的边缘在转圈，一连爬了七天七夜，它们最终因为饥饿和精疲力竭而相继死去。约翰·法伯在做这个实验前曾经设想：毛毛虫会很快厌倦这种毫无意义的绕圈而转向它们比较爱吃的食物，遗憾的是毛毛虫并没有这样做。后来，科学家把这种喜欢跟着惯常的路线走因而导致失败的现象称为"毛毛虫效应"。

二、思维定式的代价

　　我们因为思维定式付出了许多代价。比如，美国9·11恐怖袭击之前，美国国家安全局有一名特工曾经发现了一些巧合：有几位阿拉伯男子在学习开飞机，可是他们并不想学习起飞和降落技术，而这两项恰恰是最难掌握的、最关键的飞行技能。这引起了威廉姆斯的注意：一名不会起飞、不会降落的飞行员能做什么呢？这样学习驾驶飞机有什么用？没有任何一家航空公司愿意雇用这类飞行员。然后一个可怕的想法进入这名特工的脑中：这样学习驾驶飞机，唯一的用途就是劫机和自杀式袭击吧？这个特工立刻致信给总部，要求调查全国学习开飞机的可疑人员，并且发出了可能有"劫机事件"的警告。但是他的警告被上司忽略了，他们认为这个意外完全是巧合，不值得考虑。拥有思维定式的人认为渴望在意外事件中发现线索简直是不成熟的行为。

第四章 固化思维突破法

在变幻莫测、充满竞争的市场经济中，曾经有过创新的公司也有可能逐渐陷入思维定式的泥潭，无法走出思维定式的企业家往往会受到致命一击。1913年，美国著名企业家亨利·福特受屠宰场流水作业的启发，设计了汽车装配流水线，标准化、大批量地生产汽车部件和配件，高效率地制造出黑色T型汽车。这个创新思维催生了管理学上著名的"福特制"。它开创了一个崭新的工业化生产的时代，福特公司因此在世界汽车市场上变得无人能敌。但是，只生产黑色的T型车不幸地成为福特思维中的固定模式。当美国汽车市场渐趋饱和，早期购车人需要更新车辆，对汽车的档次、性能、外观有了更高要求时，福特的"思维定式"让他大吃苦头。美国另一著名企业家、通用汽车公司总裁斯隆把握机会，制造出不同档次和价格的汽车，并且首创了"分期付款、旧车折旧、年年换代、密封车身"的汽车制造的四个原则，击败福特，登上了世界第一汽车制造企业的宝座。

另一个例子是知名的美籍华人科学家王安。1955年，王安在组建电脑公司时，注册资金仅为600美元。后来，他凭借高超的电脑知识，开发计算机文字处理系统，1975年研制成世界上第一台"文字处理机"，使计算机进入办公领域。王安因此迅速致富。然而就在这时，王安犯了一个战略性的错误，他忽视了一个比办公领域更大的市场——家庭，仍继续采用封闭式的技术路线来开发计算机文字处理系统，对计算机系统之间的兼容问题没有给予足够的重视，所提供的产品兼容性不高。与此同时，IBM公司竭尽全力进入个人电脑领域，整合了电脑上下游各类公司。比尔·盖茨看准了这个时机，开发出与IBM电脑兼容的可以不断更新的Windows操作系统软件。比尔·盖茨因此大获成功，荣登世界首富之榜，而王安的公司却因为遵循老思路在1992年宣告彻底破产。

施乐曾经是美国企业界的骄傲，然而，它却浪费了很多创新的机会。施乐的企业研究院发明了当今计算机时代的众多核心技术，但是施乐并不看重这些有重大潜力，但还不能立即带来利润的技术发明。因为复印机已经为公司带来巨大利润，施乐因此专注于开发与复印机相关的技术专利，只希望牢牢占据复印机市场的垄断地位。为了尽可能地使这个领域的专利壁垒无法被逾越，施乐先后为其研发的复印机申请了五百多项专利，几乎囊括了复印机的全部部件和所有关键技术环节。在不断丰富复印机技术的同时，施乐也在不断提高产品的价格，每加一种功能便抬高一次复印机的价格。由于当时施乐在复印机市场居于绝对的垄断地位，所以消费者没有其他选择的余地。然而，施乐的产品结构和定价策略导向造成的市场机会，让日本佳能公司想出了一个新对策。佳能公司原来是一个只生产照相机的企业，20世纪60年代，佳能发现施乐出售的复印机价格昂贵，动辄几十万、上百万元一台。虽然施乐的复印机速度和性能都非常好，但即使是大型企业，往往也只能买得起一台。这些复印机都是大型的，只能放在公司的某个固定地点进行集中复印。由于操作复杂，还需要安排专人进行维护和操作。复印机操作麻烦而且保密性不好。佳能于是推出体积小、简单、无须专人操作、价格便宜的复印机并率先造出了第一款小型办公和家用复印机产品。但是，这项新产品的技术较为落后，不但影印速度慢，影印品质不佳，提供的影印功能也极为有限。佳能于是去找东芝、美能达、理光等其他日本厂商合作结成了联盟。这些企业都从佳能那里购买生产许可证，推广分散复印，大举向小型化复印机市场发动集体进攻。在佳能领导的企业联盟的全力攻击之下，施乐遭遇到全方位的挑战和严重的挫折。从1976年到1981年，施乐在复印机市场的份额从82%直线下降到35%。固化思维让施乐从市场领导者变成了市场追赶者。

第二节 思维定式之外的创新

一、突破思维定式带来科学发明与艺术的创新

20世纪中叶，美国和苏联都已具备了把火箭送上天的物质、技术条件。相比之下，当时美国在这方面的实力比苏联更强。但双方都存在一个难以克服的瓶颈问题：火箭的推动力不够，摆脱不了地心的引力，不能把人造卫星送入运行轨道。怎么解决这个问题呢？当时大家都认为，办法只能是再增加所串联的火箭的数量，以进一步增强推动力。美、苏两国的专家都各自设法不断增加火箭的数量。尽管火箭增加了不少，但还是解决不了问题。后来苏联的一位青年科学家摆脱了不断增加串联火箭的思路。他的新设想是：只串联上面的两个火箭，下面的火箭改为用20个发动机并联。经过严密的计算、论证和实践检验，这个办法终于获得成功。因为这样一来，火箭初始动力的速度一下子就大大地增强了，达到了足以摆脱地心引力的程度。于是，一个使成百上千名专家长时间束手无策的技术难题，由于这样一个简单的新设想的提出，很快便得到了解决，从而使苏联的航天技术迅速领先于美国。1957年，苏联抢在美国之前，首先将人造卫星送上了天。

飞机的发明历程也是突破定式思维的过程。当有人提出研究飞机时，很多大人物提出反对意见。法国著名的天文学家勒让德就认为要制造一种比空气重的装置去空中飞行是不可能的，德国大发明家西门子也发表了类似看法。能量守恒定律发明者之一、德国著名的物理学家赫尔姆霍茨，从物理学的角度论证了机械装置要飞上天纯属"空想"。这一"科学结论"，使得德国的金融界和工业集团撤销了原先对飞机研制事业的支持。美国天文学家纽康又根据各种数据做了大量计算，从而"证明"了飞机甚至根本就无法离开地面。名人的社会威望造成了他们的思路会对社会产生重大影响。在1903年首次把飞机送上天空的却是当时名不见经传的美国人莱特兄弟，他们没上过大学，但是思维活跃、富于幻想，不迷信上述的权威。1900—1902年间他们进行了一千多次滑翔试飞，终于在

1903年12月在美国北卡罗来纳州以重物下落形成的牵引力,将自制飞机推离地面,进行了被世人公认的人类首次有动力飞机载人飞行。人类从此走上了飞机研发之路。

突破思维定式有时意味着用显而易见的新方法来解决问题,这种新方法往往更容易被新手发现。高斯10岁的时候进入了学习数学的班级,这是一个首次创办的班,孩子们在这之前都没有听说过算术这门课程。一天,数学老师布置了一道题,1+2+3……这样从1一直加到100等于多少。高斯很快就算出了答案,起初高斯的老师并不相信高斯算出了正确答案:"你一定是算错了,回去再算算。"高斯非常坚定,说答案就是5 050。高斯是这样算的:1+100=101,2+99=101……50+51=101。从1加到100有50组这样的数,所以用50乘以101得到5 050。

艺术的创新往往意味着一种新的感知表达方式。莫奈是法国最著名的画家之一,是印象派的创始人和领袖之一。莫奈在光与影的色彩描绘表现上进行创新,改变了阴影和轮廓线的画法,在莫奈的画作中看不到非常明确的阴影,也看不到突显或平涂式的轮廓线。相似地,迈克尔·杰克逊在音乐与舞蹈上有过人的创造力。他创作了"机器人"舞步和著名的"太空步",其中一些舞蹈动作冲击了社会世俗文化道德标准的界限,被所谓正统人士抨击为"下流",这些大胆的充满挑战的舞蹈动作影响了之后几代的流行音乐界。1981年,迈克尔·杰克逊发行了唱片 *Thriller*,他因此被《时代周刊》描述为一名"挽救了唱片业的拯救者,定义了一个年代音乐潮流的作曲人,拥有不可思议双脚的舞者,打破了所有喜好、风格与种族界限的歌手"。另一个例子是,弗兰克·库科(Ferenc Cakó)的沙画(Sand Animation)艺术创作。库科大学毕业后进入潘诺尼亚电影制片厂工作时,开始尝试利用泥土、沙子和废纸进行独特的艺术创作,在他的动画里他使用了沙子和黏土。二十多年来他独具一格的艺术创作和短片在世界上赢得了很多重大电影节的大奖:戛纳(最佳短片奖)、柏林(金熊奖)、旧金山(金门奖)、安锡(最佳短片奖)。

二、突破思维定式带来商业的成功

商业的成功也需要突破思维定式。2008年成立的Airbnb(空中食宿)是一家服务型网络平台,它通过网络为有空房出租的家庭和陌生的短租客建立联系,用普通家庭来替代传统的宾馆从业者来提供食宿服务。Airbnb被认为是分享经济的代表,目前估值已达百亿美元。相似地,中国的途家公司与旅游地产商、地产投资房东和各种度假公寓的业主大规模签订合约,用它们来替代宾馆经营者,将它们的空置房转化为可以分享的房源,从而获取利润。

突破思维定式可在常见产品上增添新创意,有助于新产品的开发。比如宝洁公司在象牙皂里加入空气,增加了它的起泡能力,可以使香皂漂浮起来,成为该产品的一大特色。由于西瓜不容易运输，于是有人发明了方形、薄皮耐压西瓜等。

突破思维定式带来新的经营方式。在店铺林立的火锅市场，呷哺小火锅始创于1998年，一举成名，成为国内首创、规模最大的吧台式经营的火锅店。呷哺因其干净新鲜的原料、文明卫生的小火锅、明快清新的装修环境和时尚悠闲的就餐氛围，广受大众消费者喜爱。在20世纪早期，所有的商店都是店员为顾客提供服务的地方。顾客来到柜台前，店员取出顾客需要的物品。在20世纪20年代，一位叫作迈克尔·库伦（Michael Cullen）的人提出了一种完全不同的观点。他问了一个这样的问题："如果我们把商店和顾客颠倒一下，让顾客自己先拿取他们需要的物品，最后再付钱，会是什么样子呢？"毫无疑问，有许多人反对这种观点。"顾客需要服务，他们不想自己做所有的工作。""所有的商品将全部标上价格。""如果没有店员帮助他们，顾客们将会感到困惑。""你让人们在仓库后面转来转去，将会发生什么事情呢？"但是库伦坚持这种观点，并创建了世界上第一家超市，即位于新泽西的金库伦商店。

第三节　思维定式的成因

一、寻找正确答案的习惯

Torrance（1968）发现学生在小学四年级时的创造力暴跌。4岁的孩子会不断地问问题并想知道事情是如何运作的，6岁半的时候他们停止了问问题，因为他们很快发现比起挑衅性的问题，老师更重视正确答案。高中生则很少表现出好奇心。等他们长大了，到企业工作的时候，他们的好奇心已经消耗殆尽。传统的教育，尤其是应试教育，给我们训练出寻找正确答案、参阅书本所提供的答案的习惯。我们逐渐形成了一种观点：凡事都是有答案的，答案都是或正确或错误的。这种非正即谬的观点，是一种刻板的思维。在现实中，正与谬的界限并不是绝对的，事物处在发展变化之中，正与谬会进行相互的转化。

在这种刻板思维的指导下，学生往往重逻辑，而忽视用右脑思考，摒弃一些与逻辑思考貌似无关的随性玩耍，从而将玩性与工作创造力对立起来。事实上，玩耍是可以刺激想象力的。创意不是说一个人冥思苦想就能够得来，需要我们在捕风捉影的瞬间逮住它。当创造性任务的问题不明朗时，如果任务完成者能够保持正面的情绪，有助于思维的发散性。在英文单词里，"诗人"的本意是"制造改变的人"。感性的玩耍在调动好奇心方面具有独特的作用。

许多创新型公司，比如谷歌，都尽力为员工打造一个极其宽松自由的工作环境。在谷歌的办公室里有一些娱乐场所可供打台球、玩积木、聊天，从环境开始让员工感受到自由，有利于员工天马行空、不受束缚地进行思考。在谷歌总部有一间"创意实验室"，在这间创意实验室里进行着智能厨房、热气球网络计划、谷歌眼镜等出人意料项目的开发，而且这些项目从来都没有商业压力。这些项目不是在寻找标准答案，而是在创造人类未知。

二、遵循规则和传统

规则、条例、政策和传统的指导是人类社会运行的必要保障，但是这些规则会束缚或禁止个体、社会和机构的某些行为。一个很常见的规则是过分追求短期目标。比如，多年以来，美国的航空业就有这样的规律：长途航线赚钱，短途航线不赚钱。因为原来美国的航空业存在价格管制，为了促进小城镇发展，政府强制降低了短途航线的价格，使它低于运营成本，然后让航空公司靠长途航线的盈利来弥补。另外，政府又增加了限制，规定航空公司必须保证一定比例的短途航线。因此，航空公司一边垂涎高利润率的长途航线，一边又勉强继续经营短途航线。后来，政府逐步放松了对航空业的管制，航空公司可以自由选择自己的业务了。美国联合航空公司于是直接放弃短途航线，全部跑长途。但是，由于政府取消了管制，航空公司可以自由定价，短途航线可以提升价格来创造利润，而且价格管制带来的长途航线的必然盈利也受到了挑战。因此，疯狂增加长途航线业务的航空公司展开了激烈的价格战，反而利润微薄。这个例子说明，规则会变化，如果束缚于先前的规则，就会在变化中错失良机。

三、从众

人类的生存离不开社会，从众是一种普遍存在的社会心理现象。有科学家曾做过一个实验：将 4 只猴子关在一个密闭的房间里，每天喂很少的食物。数天后，实验者从房顶的小洞放下一串香蕉时，一只猴子冲过去拿香蕉，可是当它还没拿到香蕉时，就被预设机关所泼出的热水烫得全身是伤，当后面三只猴子依次爬上去拿香蕉时，一样被热水烫伤。于是猴子们只好望"蕉"兴叹。又过了几天，实验者换进一只新猴子进入房内，当新猴子饿得也想尝试爬上去吃香蕉时，立刻被其他 3 只猴子制止，并告知它有危险，不可尝试。实验者再换一只猴子进入，当这只猴子想吃香蕉时，有趣的事情发生了，这次不但剩下的两只老猴子制止它，连没被烫过的新来的猴子也极力阻止它。实验继续，当所有的猴子都已换过之后，仍没有一只猴子敢去碰香蕉。房顶的热水机关虽然关闭了，由于从众思维，香蕉与热水之间的联系已经十分牢固，束缚着进入笼子的每一只猴子，使它们不敢去拿垂手而得的香蕉。

四、害怕犯错

当人们害怕失败、与众不同、被评论或嘲笑、被排斥时，常常会自我开脱："我们以前从没有这样做过""我们以前已经这样试过了，不起作用""太前卫了""太老套了"。这些也会促使思维定式的形成。英国哲学家卡尔·波普尔的著作《猜想与反驳——科学知识的增长》一书翻译成中文版时，波普尔有一篇自序说到中国人特别害怕犯错的现象。为什么中国人那么害怕犯错？因为中国传统文化中对礼的恪守，要求人要守本分，要服从上下阶层的等级秩序，有着浓厚的崇拜权威的情结。在学校中，如果小学生写错一个字，老师可以罚他们抄一百遍。数学算错一道题目，罚做二百道题。面对这样的处罚，学生只能服从。这样做带来的后果是，削弱了学生探索的勇气、独立思考的能力与批判质疑的精神。在工作中，成年人也会害怕出错受罚，在角色意识中更关注自己分内的工作和领导交代的工作，从而使得创新的潜力得不到发挥。反观一些最富创新性的企业，它们往往更为勇敢地面对失败。位于硅谷的知名工业设计公司 IDEO 的座右铭是"速败常新"，这家公司提倡一种叫作"即时原型"的设计方法，即在产品的早期设计阶段，通过产品模型来测试这个产品概念的可行性。当产品"夭折"时，它们不称之为失败，而是称之为"循环重构"。

第四节 训 练

训练 1：寻找规则

请阅读创新思维大师德波诺博士设计的思维思考题及其创新性的答案，你认为这些题目的设计与哪些规则有关？而德波诺的答案又是如何突破这些规则的？

1. **问题**：在美国的一座城市里，地铁里的灯泡经常被偷，窃贼常常直接拧下灯泡，从而导致安全问题。接手此事的工程师不能改变灯泡的位置，也没多少预算供他使用，但是他提出了一个非常好的横向解决方案，是什么方案呢？
   答案：这位工程师把电灯泡的螺纹改为左手方向或者是逆时针方向，而不再用传统的右手方向或顺时针方向。这意味着当小偷认为他们正在试图拧下电灯泡时，实际上他们反而是在拧紧它们。
   思考题：
   你认为本题涉及的规则是：_____；
   德波诺的回答突破了什么规则：_____。

2. **问题**：游客有时会从帕台农神庙的古老立柱上砍下一些碎片，雅典当局对此非常焦心，虽然这种行为是违法的，但是这些游客仍旧把它作为纪念品带走。当局如何做才能阻止这一行为呢？

   答案：管理当局从为维修帕台农神庙的立柱提供石材的矿石场里收集了一些大理石碎片，每天把这些碎片散放在帕台农神庙的周围。游客以为他们捡起来的碎片是从古老的立柱上掉下来的，因此他们不再从柱子上砍下碎片。

   思考题：
   你认为本题涉及的规则是：＿＿＿＿＿＿＿＿＿＿＿＿＿＿＿＿＿＿＿＿；
   德波诺的回答突破了什么规则：＿＿＿＿＿＿＿＿＿＿＿＿＿＿＿＿＿＿＿＿。

3. **问题**：加利福尼亚州的阿尔托斯市政府被森林大火所困扰，它们想清除城镇周围山坡上的灌木丛，它们该怎么办？

   答案：政府当局购买或者租借了成群的山羊，把它们赶到山坡上放牧。由于山羊吃掉草木，控制了灌木丛的生长，并且抵达了用其他方法难以到达的陡峭坡段，灌木丛火灾因此大大减少。

   思考题：
   你认为本题涉及的规则是：＿＿＿＿＿＿＿＿＿＿＿＿＿＿＿＿＿＿＿＿；
   德波诺的回答突破了什么规则：＿＿＿＿＿＿＿＿＿＿＿＿＿＿＿＿＿＿＿＿。

4. **问题**：一位年轻的股票经纪人即将开始经营他自己的业务，但是他没有客户。他如何使一些富有的人相信他能够准确地预计股票价格走势呢？

   答案：他先列出800名富人，给其中一半人发送的预测中他预言IBM的股票将在下周上升，在给另一半人发送的预测中预言IBM的股票下周将下降。结果IBM的股票下降了，这样他就有了客户。

   思考题：
   你认为本题涉及的规则是：＿＿＿＿＿＿＿＿＿＿＿＿＿＿＿＿＿＿＿＿；
   德波诺的回答突破了什么规则：＿＿＿＿＿＿＿＿＿＿＿＿＿＿＿＿＿＿＿＿。

5. **问题**：在加利福尼亚淘金热期间，一位年轻的创业者怀着把帐篷卖给矿工的想法来到此地。他认为，成千上万的人聚集在一起找金矿，那里肯定会有一个非常好的帐篷市场。不幸的是，天气非常温暖，矿工们都是露天睡觉，没有多少人买他的帐篷。他该怎么办呢？

   答案：他把帐篷上的粗棉布割下来，然后用它做成裤子卖给矿工们。这个人的名字叫李维斯·施特劳斯。通过适应市场环境和创新，他创造了一个一直持续到今天的牛仔裤品牌。

思考题：
你认为本题涉及的规则是：_____；
德波诺的回答突破了什么规则：_____。

6. **问题**：舒适航空公司是欧洲以低成本领先于竞争对手的航空公司。它已经在低成本空中旅行方面做出了多项创新。在舒适航空公司的航班中没有免费的饮料，如果你想喝点什么就必须掏钱去买。在最近的一期杂志中，有一篇文章说明了这种做法的两大优点：一个优点是带来了收入，你认为另一个优点会是什么呢？

   答案：不提供免费饮料给舒适航空公司带来的第二个好处是由于需求减少，它们可以减少飞机上的一间厕所，这样就可以多设一些座位。

   思考题：
   你认为本题涉及的规则是：_____；
   德波诺的回答突破了什么规则：_____。

训练2：突破广告的常规诉求点

请写出以下商品广告常见的诉求及如何突破它：

1. 饮料
   常见的诉求：_____；
   突破性的诉求：_____。

2. 汽车
   常见的诉求：_____；
   突破性的诉求：_____。

3. 羽绒服
   常见的诉求：_____；
   突破性的诉求：_____。

4. 化妆品
   常见的诉求：_____；
   突破性的诉求：_____。

5. 婴幼儿奶粉
   常见的诉求：_____；
   突破性的诉求：_____。

6. 电脑
   常见的诉求：_____；
   突破性的诉求：_____。

7. 葡萄酒
   常见的诉求：_____；
   突破性的诉求：_____。
8. 手机
   常见的诉求：_____；
   突破性的诉求：_____。
9. 空调
   常见的诉求：_____；
   突破性的诉求：_____。
10. 房地产
    常见的诉求：_____；
    突破性的诉求：_____。
11. 钻石
    常见的诉求：_____；
    突破性的诉求：_____。
12. 家具
    常见的诉求：_____；
    突破性的诉求：_____。
13. 餐馆
    常见的诉求：_____；
    突破性的诉求：_____。
14. 运动器械
    常见的诉求：_____；
    突破性的诉求：_____。
15. 教育培训课
    常见的诉求：_____；
    突破性的诉求：_____。
16. 电话卡
    常见的诉求：_____；
    突破性的诉求：_____。
17. 图书
    常见的诉求：_____；
    突破性的诉求：_____。

18. 旅行社
    常见的诉求：_____；
    突破性的诉求：_____。

19. 营养品
    常见的诉求：_____；
    突破性的诉求：_____。

20. 开心果
    常见的诉求：_____；
    突破性的诉求：_____。

21. 奶酪
    常见的诉求：_____；
    突破性的诉求：_____。

22. 瓷砖
    常见的诉求：_____；
    突破性的诉求：_____。

23. 橡胶手套
    常见的诉求：_____；
    突破性的诉求：_____。

24. 电影
    常见的诉求：_____；
    突破性的诉求：_____。

25. 办公用品
    常见的诉求：_____；
    突破性的诉求：_____。

26. 时装
    常见的诉求：_____；
    突破性的诉求：_____。

27. 桌子
    常见的诉求：_____；
    突破性的诉求：_____。

28. 快递服务
    常见的诉求：_____；
    突破性的诉求：_____。

29. 理财服务
    常见的诉求：_____；
    突破性的诉求：_____。

30. 网络游戏
    常见的诉求：_____；
    突破性的诉求：_____。

31. 演唱会
    常见的诉求：_____；
    突破性的诉求：_____。

32. 箱包
    常见的诉求：_____；
    突破性的诉求：_____。

33. 健身中心
    常见的诉求：_____；
    突破性的诉求：_____。

34. 五星级宾馆
    常见的诉求：_____；
    突破性的诉求：_____。

35. 牙膏
    常见的诉求：_____；
    突破性的诉求：_____。

36. 电池
    常见的诉求：_____；
    突破性的诉求：_____。

37. 瑜伽中心
    常见的诉求：_____；
    突破性的诉求：_____。

38. 养老中心
    常见的诉求：_____；
    突破性的诉求：_____。

39. 巧克力
    常见的诉求：_____；
    突破性的诉求：_____。

40. 书包
   常见的诉求：＿＿＿＿＿＿＿＿＿＿＿＿＿＿＿＿＿＿＿＿；
   突破性的诉求：＿＿＿＿＿＿＿＿＿＿＿＿＿＿＿＿＿＿。

训练 3：突破广告的常规投放点

请写出以下商品广告常见的投放点并寻找新的投放点：

1. 饮料
   常见的投放点：＿＿＿＿＿＿＿＿＿＿＿＿＿＿＿＿＿＿；
   新的投放点：＿＿＿＿＿＿＿＿＿＿＿＿＿＿＿＿＿＿。

2. 汽车
   常见的投放点：＿＿＿＿＿＿＿＿＿＿＿＿＿＿＿＿＿＿；
   新的投放点：＿＿＿＿＿＿＿＿＿＿＿＿＿＿＿＿＿＿。

3. 羽绒服
   常见的投放点：＿＿＿＿＿＿＿＿＿＿＿＿＿＿＿＿＿＿；
   新的投放点：＿＿＿＿＿＿＿＿＿＿＿＿＿＿＿＿＿＿。

4. 化妆品
   常见的投放点：＿＿＿＿＿＿＿＿＿＿＿＿＿＿＿＿＿＿；
   新的投放点：＿＿＿＿＿＿＿＿＿＿＿＿＿＿＿＿＿＿。

5. 婴幼儿奶粉
   常见的投放点：＿＿＿＿＿＿＿＿＿＿＿＿＿＿＿＿＿＿；
   新的投放点：＿＿＿＿＿＿＿＿＿＿＿＿＿＿＿＿＿＿。

6. 电脑
   常见的投放点：＿＿＿＿＿＿＿＿＿＿＿＿＿＿＿＿＿＿；
   新的投放点：＿＿＿＿＿＿＿＿＿＿＿＿＿＿＿＿＿＿。

7. 葡萄酒
   常见的投放点：＿＿＿＿＿＿＿＿＿＿＿＿＿＿＿＿＿＿；
   新的投放点：＿＿＿＿＿＿＿＿＿＿＿＿＿＿＿＿＿＿。

8. 手机
   常见的投放点：＿＿＿＿＿＿＿＿＿＿＿＿＿＿＿＿＿＿；
   新的投放点：＿＿＿＿＿＿＿＿＿＿＿＿＿＿＿＿＿＿。

9. 空调
   常见的投放点：_____；
   新的投放点：_____。
10. 房地产
    常见的投放点：_____；
    新的投放点：_____。
11. 钻石
    常见的投放点：_____；
    新的投放点：_____。
12. 家具
    常见的投放点：_____；
    新的投放点：_____。
13. 餐馆
    常见的投放点：_____；
    新的投放点：_____。
14. 运动器械
    常见的投放点：_____；
    新的投放点：_____。
15. 教育培训课
    常见的投放点：_____；
    新的投放点：_____。
16. 电话卡
    常见的投放点：_____；
    新的投放点：_____。
17. 图书
    常见的投放点：_____；
    新的投放点：_____。
18. 旅行社
    常见的投放点：_____；
    新的投放点：_____。
19. 营养品
    常见的投放点：_____；
    新的投放点：_____。

20. 开心果
    常见的投放点：_____；
    新的投放点：_____。
21. 奶酪
    常见的投放点：_____；
    新的投放点：_____。
22. 瓷砖
    常见的投放点：_____；
    新的投放点：_____。
23. 橡胶手套
    常见的投放点：_____；
    新的投放点：_____。
24. 电影
    常见的投放点：_____；
    新的投放点：_____。
25. 办公用品
    常见的投放点：_____；
    新的投放点：_____。
26. 时装
    常见的投放点：_____；
    新的投放点：_____。
27. 桌子
    常见的投放点：_____；
    新的投放点：_____。
28. 快递服务
    常见的投放点：_____；
    新的投放点：_____。
29. 理财服务
    常见的投放点：_____；
    新的投放点：_____。
30. 网络游戏
    常见的投放点：_____；
    新的投放点：_____。

31. 演唱会
    常见的投放点：_____；
    新的投放点：_____。
32. 箱包
    常见的投放点：_____；
    新的投放点：_____。
33. 健身中心
    常见的投放点：_____；
    新的投放点：_____。
34. 五星级宾馆
    常见的投放点：_____；
    新的投放点：_____。
35. 牙膏
    常见的投放点：_____；
    新的投放点：_____。
36. 电池
    常见的投放点：_____；
    新的投放点：_____。
37. 瑜伽中心
    常见的投放点：_____；
    新的投放点：_____。
38. 养老中心
    常见的投放点：_____；
    新的投放点：_____。
39. 巧克力
    常见的投放点：_____；
    新的投放点：_____。
40. 书包
    常见的投放点：_____；
    新的投放点：_____。

训练 4：脑筋急转弯

请猜猜以下脑筋急转弯的答案：
1. 某人有过这样一次经历：他乘坐的船驶到海上后就慢慢地沉下去了，但是，船上所有的乘客都很镇静，既没有人去穿救生衣，也没有人跳海逃命，却眼睁睁地看着这条船全部沉没。这里究竟发生了什么事呢？
2. 一辆自行车在什么情况下能和卡车始终保持同一速度、同一方向前进？
3. 一天晚上，W 先生正在阅读一本非常有趣的书，但 W 夫人却把电灯关了。尽管屋子里漆黑一片，然而 W 先生却在继续读书，而且还读得津津有味呢！这是怎么一回事？
4. 在荒无人烟的河边停着一条小船，这条小船只能容纳一个人。有两个人同时来到河边，两个人都乘这条船过了河。请问：他们是怎样过河的？
5. 篮子里有 4 个苹果，由 4 个小孩平均分，分到最后，篮子里还有一个苹果。请问：他们是怎样分的？
6. 一位公安局长在茶馆里与一位老头下棋。正下到难分难解之时，跑来了一位小孩，小孩着急地对公安局长说："你爸爸和我爸爸吵起来了。"老头问："这孩子是你的什么人？"公安局长答道："是我的儿子。"请问：这两个吵架的人与公安局长是什么关系？
7. 餐厅里，有两对父子在用餐，每人叫了一份 70 元的牛排，付账时只付了 210 元，为什么？
8. 什么东西一百个男人无法举起，一女子却可单手举起？
9. 有个地方发生了火灾，虽然有很多人在救火，但就是没人报火警，为什么？
10. 有一个小圆孔的直径只有 1 厘米，而有一种体积达 100 立方米的物体却能顺利通过这个小孔，那么它是什么物体呢？
11. 走进一家商店，看见老板和客人正在议价，老板拼命杀价，而顾客却一直抬高价钱，为什么？
12. 下雨天时，两个人共撑一把伞，结果两个人都被淋湿；三个人共撑一把伞时，却没有人再被淋湿，为什么？
13. 一只狗和一只青蛙比赛游泳，平常都是青蛙游得快，为什么在一次比赛中狗赢了？
14. 飞机从天上掉下来，为什么没有一个人受伤？
15. 一个东西有黄、白两种颜色，一小时能跑五百米，你猜这是什么？

16. 手机被偷后，一条短信可以让小偷跑步将手机送回。你猜这是什么短信？
17. 犯人收到妻子来信：你进监狱了，咱家的几亩地没人翻，公婆干不动，我身体不好，还得看孩子。犯人只回了一封信就解决了这个问题。你猜信里是怎么写的？
18. 当你的邻居在深夜两点弹钢琴时，你如何才能不气恼？
19. 有一盒火柴、图钉、蜡烛，如何将蜡烛固定在墙上？
20. 如何在没有水平仪的情况下一个人将画像摆正？
21. 只有剪刀的女性如何整齐地切豆腐？
22. 圆珠笔头特别容易磨损，往往在油没有用完的时候漏油，如何解决这一问题？
23. 六根火柴如何摆四个等边三角形？
24. 一卷卷纸、12 瓶可乐怎样一次性带走？
25. 如何用口香糖开椰子？
26. 如何用硬币、胶带钉钉子？
27. "二战"时苏军要发动夜袭，夜晚月光非常明亮，怎样在不暴露目标的情况下攻占碉堡？
28. 一根绳加小石子如何抓鸡？
29. 农夫养了 10 头牛，却只有 19 只角，为什么？
30. 一只凶猛的饿猫看到老鼠，为何拔腿就跑？
31. 把一只鸡和一只鹅放冰箱里，鸡冻死了，鹅却活着，为什么？
32. 小明带 100 元去买一件 75 元的东西，但老板却只找了 5 块钱给他，为什么？
33. 胖胖是个颇有名气的跳水运动员，可是有一天，他站在跳板上，却不敢往下跳，这是为什么？
34. 一辆出租车在公路上正常行驶，并没有违反任何交通规则，却被一名警察拦住了，为什么？
35. 请你把九匹马平均放在十个马圈里，并让每个马圈里马的数目都相同，怎么办？
36. 5 个人分 6 个橙子怎么分才合理？
37. 汽车在右转弯时，哪一个轮胎不转？
38. 身份证掉了，怎么办？
39. 偷什么不犯法？
40. 什么样的人死后还可以出现？
41. 加热会凝固的东西有什么？

答案：
1. 乘客乘坐的是潜水艇。

2. 放在卡车上。
3. W 是盲人,他在读盲文点字书。
4. 两个人分别在河的两岸。
5. 4 个小孩一人一个。
6. 公安局长是女的,吵架的一个是她的丈夫,即小孩的父亲;另一个是公安局长的父亲,即小孩的外公。
7. 这是祖孙三人。
8. 比如一枚鸡蛋,一百个男人不可能同时举起一枚鸡蛋。
9. 消防队着火了。
10. 水。
11. 因为客人来卖车。
12. 因为三个人撑伞时雨停了。
13. 因为当时的比赛规则是只许用狗刨,不许用蛙泳!
14. 因为所有人全都死了。
15. 大型客机驾驶员吃的鸡蛋三明治。
16. 这个人马上请朋友给自己手机发了一条信息:"哥,火车快开了,我等不到你,先上车了!欠你的两万块钱,我放在火车站寄存处 A19 号柜子里,密码是 1685"
17. 犯人回信:千万别翻地,地里埋着枪……一个月后他妻子回信:警察来了三四批,把咱家地翻了好几遍,累得吐血了也没找到枪,你把枪藏哪了?犯人回信:本来就没枪,警察帮忙把地翻了,你赶紧种地吧,其他忙我也帮不上了!
18. 你可以在凌晨四点钟时叫醒他,并告诉他你很欣赏他的演奏。
19. 将火柴盒固定在墙上,把蜡烛放在火柴盒上。
20. 用自己身上的重物(如挂坠)作为重垂线。
21. 剪下头发用来切豆腐。
22. 将圆珠笔的油减量到磨损发生之前就用完。
23. 摆成正四面体。
24. 用卷纸揉成绳子把可乐扎起来。
25. 嚼完口香糖做成锥形置于桌面,拿椰子快速砸锥形。
26. 用胶带卷硬币做成重锤。
27. 用大量探照灯照射碉堡造成里面的人短期失明。
28. 利用钟摆原理,将石子绑在绳子一头,贴地面甩动,绳子碰到鸡脚时就将鸡脚缠住。
29. 其中有一头犀牛。

30. 猫拔腿就跑过去抓老鼠。
31. 因为是企鹅。
32. 因为他只给了老板 80 元。
33. 因为下面没水。
34. 警察要坐出租车。
35. 把九匹马放到一个马圈里，然后在这个马圈外再套九个马圈。
36. 榨成橙汁分。
37. 备用胎。
38. 捡起来。
39. 偷懒。
40. 电视里的人。
41. 鸡蛋。

训练 5：找理由

请为以下表述找理由。
例：1+1=1；1+2=1；3+4=1；5+7=1；6+18=1。请问理由是什么？
回答：
　　1 里+1 里=1 公里
　　2 个月+1 个月=1 个季度
　　3 天+4 天=1 周
　　5 个月+7 个月=1 年
　　6 小时+18 小时=1 天

1. 学生是最好的老师。请问理由是什么？
2. 弱小就是强大。请问理由是什么？
3. 打架时不允许触碰对方。请问理由是什么？
4. 快递公司慢慢送件。请问理由是什么？
5. 相貌丑更受异性欢迎。请问理由是什么？
6. 企业里只有领导，没有下属。请问理由是什么？
7. 蜘蛛比大象大。请问理由是什么？
8. 生病是健康。请问理由是什么？
9. 离婚是好事。请问理由是什么？
10. 简单就是复杂。请问理由是什么？

11. 有一位老人上了公交车,为什么没人让座?
12. 一个人从飞机上掉下来,为什么没摔死?
13. 打什么东西,不必花力气?
14. 长颈鹿是最漂亮的动物,请问为什么?
15. 动物有 10 个头,请问为什么?

训练 6:顿悟数学类问题

请回答以下顿悟问题:

1. 史密斯一家有 7 个姐妹。每个妹妹有 1 个哥哥。如果算上史密斯先生,史密斯一家有多少男性?
2. 睡莲每 24 小时在面积上翻倍。夏天开始时,湖面上有一朵睡莲。湖面上完全覆盖上睡莲需要 60 天。睡莲覆盖半个湖面需要多少天?
3. 如果你的抽屉里有黑色袜子和棕色袜子,混合比例为 4∶5。你需要取出多少只袜子才能确保你拿出一对颜色相同的袜子?
4. 昨天我去了动物园,看到了长颈鹿和鸵鸟。它们共有 30 只眼睛和 44 条腿。一共有多少头动物?
5. 一个人买了一匹马花费 60 美元,卖了 70 美元。后来他又花费 80 美元买回一匹马,卖了 90 美元。他在交易业务中赚了多少钱?
6. 有 10 个袋子,每个袋子里有 10 枚金币,10 个袋子中的金币看起来相同,但是有 9 个袋子里的金币每个重量是 16 盎司,一个袋子里的金币实际重量是 17 盎司。如何用称重秤进行单次称重就能确定出哪个袋子里的金币是重 17 盎司的?

7. 一只青蛙掉进一口 32 英尺深的井里。每天它都往上跳两英尺,每天晚上滑下一英尺。它需要多少天才能跳出井?
8. 1 磅 10 美元的纯金币或半磅 20 美元的纯金币哪一个价值更高?或者它们价值一样?解释你的答案。
9. 据估计,地球重达 $6×10^{21}$ 吨。如果用 10^{21} 吨混凝土和石头建造一堵墙,地球重量又会是多少?
10. 一个人有 2 美元,他想买一张火车票,需要花 3 美元。他把 2 美元的钞票送到一家典当行,在那里他以 1.50 美元的价格卖出钞票。在去火车站的路上,他遇到了一个朋友,他以 1.50 美元的价格卖出了典当票。然后他用 3 美元买了他的火车票。谁支付了额外的 1 美元?

答案：
1. 两个（父亲和哥哥）。
2. 第 59 天，然后它在 60 天翻倍。
3. 3 只。如果第一只是棕色、第二只是黑色，那么第三只将与棕色或黑色配成一对。
4. 15（共有 30 只眼睛，每只动物有 2 只眼睛，即 30/2）。
5. 20 美元。第一笔交易成交价为 10 美元，第二笔交易价格为 10 美元。
6. 从第一个袋子里拿出 1 个金币，从第二个袋子里拿出 2 个金币，从第三个袋子里拿出 3 个金币，依此类推，直到从第十个袋子里拿出 10 个金币。然后将这些金币称重。如果所有的袋子重 16 盎司，这些金币应该重 55 盎司（10＋9＋8＋7＋6＋5＋4＋3＋2＋1）。如果超过 55 盎司，将提示我们哪个袋里的金币是 17 盎司的。比如，超过 2 盎司，则第二袋的金币是 17 盎司的；超过 7 盎司，则第七袋的金币是 17 盎司的。

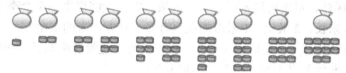

7. 30（不是 31，它出去后没有滑下来）。
8. 1 磅黄金的价值超过半磅。
9. 仍然 $6×10^{21}$ 吨（称重的时候混凝土和石头已经是地球的一部分）。
10. 他的朋友。他的朋友支付了 1.50 美元购买了典当票，并且还要在典当行支付 1.50 美元才能得到 2 美元的钞票，所以他花 3 美元买了一张 2 美元的钞票。

训练 7：顿悟文字类问题

1. 囚犯正试图逃离一座塔。他在他的牢房里发现了一根绳子，绳子只有到达地面距离的一半长，不足以安全地到达地面。他把绳子分成两半，把两段绳子捆在一起逃脱。他是如何做到的？
2. 马莎和马乔里出生在同年同月同日并且拥有同一位母亲和同一位父亲，但她们不是双胞胎。这怎么可能？
3. 三位女人是琼、达纳和桑迪，三个孩子是山姆、特拉西和大卫。山姆喜欢和达纳的儿子一起玩。桑迪偶尔会照顾琼的孩子。特拉西的母亲是谁？
4. 我们的篮球队上周以 73：49 的比分赢了一场比赛，但是我们队伍中没有一个男人得分。这怎么可能？

5. 在海滩上玩的孩子在一个区域有 6 个沙堆，在另一个区域有 3 个沙堆。如果把它们放在一起，他会有多少沙堆？

6. 三对夫妇在一起聚会。一个女人穿着红色衣服，一个女人穿着绿色衣服，一个女人穿着蓝色衣服。每个男人都穿着这三种颜色之一的衣服。当所有三对夫妇都跳舞的时候，穿红色衣服的男人和穿蓝色衣服的女人跳舞。中间没有一个人和穿着同样颜色衣服的伴侣跳舞。想想与穿红色衣服女人跳舞的男人，他穿什么颜色的衣服？

7. 一位考古学家报告发现一枚罗马硬币上有朱利叶斯·凯撒的头像，日期为 21 B.C.。另一位考古学家断言，该发现是一种欺诈。为什么？

8. 一个人和他的寡妇的妹妹结婚是合法的吗？为什么可以或者为什么不能？

9. 加利福尼亚的农民拥有一棵茂盛的梨树。他把果实送到附近的杂货店。杂货店老板叫农民看看有多少水果可供他购买。农民知道主干有 24 个分支，每个分支都有 6 根树枝，每根树枝都带有一个水果，农民能够提供多少个李子呢？

10. 一个 6 米长、2 米宽、1 米深的孔里有多少立方厘米的灰尘？

11. 斯科特队长开始下雨时出去散步。他没有伞，也没有戴帽子。他的衣服浸湿了，但他的头发却没有湿。这怎么可能发生？

12. 有一种古老的发明在今天仍旧被使用，什么发明允许人们通过墙壁看到外面的东西？

13. 如果你放下一块石头，在 40 华氏度的水中下降速度快还是在 20 华氏度的水中下降速度快？为什么？

14. 小李打开了老赵办公室的大门，对现场进行了调查。老赵的头躺在她的书桌上的一片血泊中。在她右边的地板上有一把枪。她右脚外侧有些烧伤，表明她在近距离被枪杀。她的书桌上有一个笔记本，她的右手握着钢笔写下了这篇自杀声明。小李注意到死亡时间是一个小时以前。同时他还意识到，这不是一起自杀事件，而是明显的谋杀。小李是怎么知道的？

15. 一名住在美国一座小城镇的男人同这座城镇的 20 个女人有过共同的结婚仪式。所有人都还活着，他也从来没有离过婚。在这座城镇，一夫多妻制是非法的；但他没有违法。这怎么可能？

16. 一天早上，一个女人的耳环掉入一个充满咖啡的杯子，但她的耳环没有变湿。这怎么可能？

17. 保罗拿着一个充满羽毛的枕头套。马克携带了三个与保罗枕头同样大小的枕头，但马克的负重更轻。这怎么可能？

18. 一位魔术师声称能够投掷一个乒乓球，飞出一个短距离，完全停止后反转飞回来。他还补充说，他不会借助任何物体或绑定任何东西。他怎么能做到这个壮举？

19. 两位母亲和两个女儿正在钓鱼。她们设法抓住一条大鱼、一条小鱼和一条胖鱼。因为只有三条鱼被捕获，每个女人有可能都钓到鱼吗？

20. 北安大略省有一座城镇，居住在镇上的所有人中5%有不公开的电话号码。如果您从城镇的电话目录中随机选择100个姓名，那么这些人中有多少人会拥有不公开的电话号码？

21. 在非洲野生丛林的野生动物园里，White教授早上醒来，在她短裤的后袋里感觉到一样东西。它有正反面，但没有腿。当White教授起来时，她可以感觉到它在她的口袋里移动。然而White教授并没有在意，仍然去做她的早晨祷告仪式。为什么她持有这样不在意的态度？

22. Bumble教授因为年龄越来越大导致经常走神。一天，在去演讲的路上，他过了一个红灯后朝向一个单行道的反方向。一名警察观察了整个场景，但什么都没有做。为什么警察没有抓他？

23. 一名窗户清洁工正在清洗一座高层建筑的窗户，当他从一条60英尺的梯子上滑落到下面的混凝土人行道上时，难以置信的是，他没有伤害到自己。这是怎么回事？

24. 如果一艘船处于退潮状态时，它的12个阶梯中有6个在水面以下，那么涨潮的时候有多少个阶梯在水下？

25. 当我去圣艾夫斯时，遇到一位男人，他有7个妻子，7个妻子有7个袋子，7个袋子有7只猫，7只猫有7只小猫。小猫、猫、麻袋、妻子，共有多少人去圣艾夫斯？

26. 一个男人去探视监狱里的另一个男人，守卫告诉访客，只有家庭成员被允许探视囚犯，访客宣称"兄弟、姐妹我都没有，但那个男人的父亲是我父亲的儿子"。访客是谁？

27. 父亲和他的儿子发生车祸。父亲被送到一家医院，儿子被送到另一家医院。当医生来操作儿子的手术时，医生说，"我不能为他进行手术，他是我的儿子。"怎么可能？

28. 艾琳在寒冷、黑暗的雪夜里，在一间被遗弃的小屋里被绊倒。在小屋里面有一盏煤油灯笼、一根蜡烛和在壁炉里的木头。她只有一根火柴。她应该先照亮什么？

答案：
1. 松开绳索并将两端绑在一起。

2. 她们是三胞胎。
3. 琼。
4. 这是一支女篮队伍。
5. 一个。
6. 绿色,因为穿蓝色衣服的男人和穿红色衣服的女人跳舞,所以穿绿色衣服的男人可以选择穿红色衣服或绿色衣服的女人(他不能与穿绿色衣服的人跳舞,所以他与穿红色衣服的女人跳舞)。
7. 在 B.C.开始的时候,硬币上不用 B.C.,因为它不是一个已知的缩写。
8. 不合法,因为他的现任妻子是一个寡妇。他死了,一个死人不能合法结婚。
9. 零个,因为这是一棵梨树。
10. 孔中没有灰尘。
11. 因为他是光头。
12. 窗户。
13. 40 华氏度,因为水在 20 华氏度时已经冻结成冰。
14. 如果她杀了自己,她右手做的最后一件事情就是持枪,而不是握着一支钢笔。
15. 因为他是主持婚礼的司仪。
16. 耳环掉入了咖啡粉中。
17. 因为马克的枕套是空的。
18. 他把乒乓球扔在空中。
19. 只有三个女人(奶奶、母亲和女儿),一位母亲同时也是女儿。
20. 无,未列出的电话号码不在目录中。
21. 因为这是一枚硬币。
22. 因为他在走路。
23. 因为他是从梯子靠近地面一端的第一级掉下来的。
24. 零个,因为船漂浮在水面上。
25. 一个(其他人是在路上遇到的)。
26. 犯人的父亲。他没有兄弟或姐妹,所以当他说"……我父亲的儿子",只能是自己。换句话说,他说的是"这个人的父亲是我"。
27. 医生是母亲。
28. 火柴。

训练8：顿悟图形类问题

1. 你怎么样一笔画两条直线并把图上的任意四个点通过直线连接起来？

   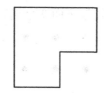

2. 把这个图形分割成四块相同大小、相同形状的小图形。

3. 如何将 10 枚硬币摆成 5 行，每行均有 4 枚硬币。

4. 如何用笔画四个正方形，将 27 只动物均匀地放入四个正方形中。

5. 如何摆放 6 支相同的铅笔，以形成 4 个相同的三角形，其面积都相等，但不能变动铅笔的形状？

6. 下图所示的三角形指向页面顶部。显示如何移动三个黑点以使三角形指向页面底部。

7. 三张扑克牌牌面朝下放置在桌子上，从左到右排成一排。我们有以下关于它们的信息。① J 在 Q 的左边。② 方片在黑桃的左边。③ K 在红桃的右边。④ 黑桃在 K 的右边。这三张分别是什么牌？它们在桌上是如何排放的？

8. 给你下面的材料，你怎么能把蜡烛放在桌子上方的墙上，并且使蜡油不滴在桌子上？

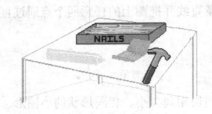

9. 一笔绘制四条连续的直线，连接下面 9 个点。

10. 想象一下，你是一名治疗恶性胃肿瘤的医生。你不能做手术，但你必须消除肿瘤。你可以使用高强度 X 射线来破坏肿瘤，但不幸的是，破坏肿瘤所需的 X 射线强度也将破坏健康细胞。较小功率的 X 射线将不会影响健康的细胞，但不会强到足以摧毁肿瘤。如何破坏肿瘤而不损害健康细胞？

11. 如下图，房间的天花板上挂着两根细绳。这个女人在不能同时触碰两根绳子的前提下怎么能把两根绳子绑在一起？

12. 你怎么能在一张 3cm×5cm 的卡片上剪出一个洞使你的头顺利通过？

答案:

1.

2.

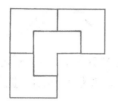

3.

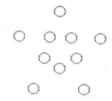

4. 允许一些动物在两个正方形中重复出现，如下图所示。

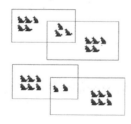

5. 做一个金字塔，三个在平面，三个在两侧。

6. 将顶端的黑点移到最下面一行，并将原来最下面一行左右两端的黑点分别移到原来第二行的左边与右边。

7. 红桃 J，黑桃 K，方片 Q。
8. 将钉子倒出，把盒子钉到墙上。用蜡油把蜡烛固定在盒子上。
9.

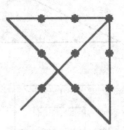

10. 使用来自多个原点的多条 X 射线，这些 X 射线共同汇聚在肿瘤上。
11. 将油漆罐绑到一根绳子上，并使其运动。抓住另一根绳子，等待油漆桶摆动到触手可及的地方再抓住它。
12. 剪出一个螺旋然后解开它。

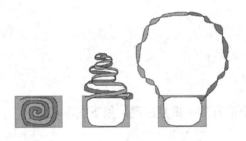

训练 9：点石成金

请在图片中作画，使之成为一幅有趣的图片，并取一个名字。

例：
标题：海水泡茶

1. 标题：

2. 标题：

3. 标题:

4. 标题:

5. 标题：

6. 标题：

7. 标题：

8. 标题：

9. 标题：

10. 标题：

11. 标题：

12. 标题：

13. 标题：

14. 标题：

15. 标题:

16. 标题:

17. 标题：

18. 标题：

19. 标题：

20. 标题：

21. 标题：

22. 标题：

23. 标题：

24. 标题：

第五章

问题意识的敏感性训练法

第一节　对自然环境保持敏感

　　环境的改变会带来创新的机会，而富有创新思维的人能够把握这些机会。随着近年空气污染在我国的日愈加重，IBM 看到了相关业务机会，进军我国的空气质量预测市场。因为，随着"认知计算"的进步，计算机程序能够不断提高自我建模能力，预测软件可以利用天气、交通、国土利用以及来自政府监测站的实时污染数据，甚至是社交媒体的发帖，提前预测未来十多天的空气质量。IBM 公司联合当地政府，推出了"联合环境创新中心"，IBM 的第一个客户是北京市环境保护局，合作项目基于其颜色编码污染预警技术。因为，当地政府网站面向公众仍然只提供 24 小时预报，这意味着民众在"红色预警"可能到来时，仍无法获悉自身所处环境的未来状况。IBM 还与张家口市签署了合作协议，旨在于 2022 年冬奥会开幕前围绕空气质量预测进行长远规划和场景建模。此外，它还盯上了商业客户，特别是可再生发电的光伏发电公司，国内已有三十多家光伏电站使用了 IBM 的阳光预测技术。环境所提供的机遇，有时仅仅凭借个人的感官体验就可以得到启发。当德国人要在云顶高原修建 3 个水坝时，出生于福建的林梧桐承包了这个工程。一天，他在云顶高原的一家酒店吃完饭，走出店门，迎面吹来一阵凉爽的风，呼吸着高原上清新的空气，浑身有一种莫名的舒畅感。于是他决定在这个地方经营餐饮娱乐业，让顾客也来享受大自然的恩赐。后来，他的云顶酒店生意兴隆，财源广进。

第二节　对竞争对手的策略保持敏感

紧盯竞争对手也可以带来创新机遇。王传福的比亚迪实业公司成立后，主要生产手机电池。当时日本宣布不再生产镍镉电池，王传福立即抓住了时机。1997年，比亚迪公司的镍镉电池销量达到1.5亿块，排名世界第四。到2003年，比亚迪的镍镉电池产量居世界第一，镍氢电池产量居世界第二，锂电池产量居世界第三。另一个例子是，20世纪60年代有一家叫德士古的石油公司，在旧金山的一个地方寻找天然气，钻井钻到5 600英尺（约合1 706.9米），仍没有发现天然气。公司的专家认为继续钻探可能会找到天然气。董事会认为继续钻探仍然有找不到的风险，于是留下一口废井，到另一个地方寻找天然气。得知这一消息，哈默派专家前去考察那口废井，他经过分析认为，继续钻井可能会钻出天然气。哈默决定冒险钻探。西方石油公司在那口德士古公司放弃的井上架起了钻机，又钻了300英尺（约合91.4米），发现了天然气。看到废井的巨大价值，哈默开始关注起废井来。哈默听说壳牌石油公司在非洲利比亚丢下了不少废井，于是带着专家和钻井队前往利比亚，最终把9口废井变成了自喷油井。

第三节　对商品的潜在价值保持敏感

一些貌似平常的事件或商品背后蕴藏着巨大的潜在价值，对此保持敏感，把握机会，将开启新的大门。卡塞尔是著名的拍卖大师，他于20世纪60年代进入拍卖行。一天，卡塞尔所在的苏富比拍卖受好莱坞影视公司的委托，为越战前线的美军搞募捐。当时，人们的反战情绪高涨，没有人愿意担任募捐会的拍卖师。卡塞尔自告奋勇地当上了那场拍卖会的拍卖师。这次拍卖会拍卖的是一位女明星的一个吻。有人出1美元得到了"明星之吻"。好莱坞把在募捐会上得到的唯一的1美元寄到前线。这个有趣的事件得到了公众的关注，各大新闻媒体争相报道这件事，使卡塞尔一夜成名。

高德康在为上海飞达厂加工服装时，发现了羽绒服行业潜藏着巨大的商机。当时，市场上流行的是皮夹克。那时，因为羽绒服样式臃肿，布料粗糙，色调单一，不被人们看好，因此许多厂家都不愿生产羽绒服。高德康果断地注册了"波司登"商标，挺进羽绒服行业。正是高德康对羽绒服潜在价值的正确判断，才有了今天波司登的辉煌。

20世纪60年代，香港房地产市场生机勃勃，与此相反，淘沙业却显得过于冷清。当时，淘沙业本大利小，赚钱很难，因此很多商人都不愿投资淘沙业。霍英东毅然挺进淘沙业。他认为淘沙业是房地产业发展的基石，淘沙业的不景气只是暂时的。事实证明，霍英东的判断是正确的。经过不懈努力，他获得了丰厚的利润。

　　高校毕业生每年都会留下许多废弃的自行车，而每年开学又有大批新生购买自行车。大学生何琍春注意到这个现象，从中挖掘到商机并创办杭州易科联移自行车科技有限公司。何琍春向毕业生回收车况较好的自行车，修理后出售；或在公司网站提供买卖信息，成交一辆收取中介费10元。他们开发了一套自行车租赁系统，把高校学生和老师的信息联网，租车的时候，输入学号（工号）和密码；还车时也一样，在任何服务点都可以完成操作。还车时间到时如果用户没还上车，系统会自动发短信提醒车主。随着借还的次数和时间增加，以后所要支付的押金和租金将减少（第一次押金150元，每小时租金1.5元；借到100次后，押金50元，租金每小时1.2元），最便宜可以达到每小时0.3元。何琍春通过关注这些不被人重视的旧自行车，开启了一项创业项目。

第四节　对社会环境保持敏感

　　当年，日本钟表厂为了打入美国钟表市场，对美国市场进行了认真研究，它们了解到，31%的美国人追求优质名表，46%的消费者则喜欢性能较好而价格适中的表，还有23%的顾客对价格较敏感，对表的品质要求不高，却希望价格便宜。当时，美国本地大公司的产品主要满足第一类细分市场，另外两类细分市场却被忽略了。日本钟表商自知不敌泰梅克斯的高档表，于是就选定了中、低档手表市场作为自己的突破口，推出了价廉物美的产品，乘虚攻入了这两类市场，获得了很大的市场份额。待到美国公司醒悟过来，反攻中、低档表市场时，日本人已经站稳了脚跟，大局已定。

　　日本的尼西奇公司本来是一家生产雨伞的小公司。一天，老板多博川看到一份日本人口普查报告：每年日本有250万婴儿出生。多博川意识到：尿布市场商机无限。于是，公司放弃雨伞生产，开始全力生产尿布。很快，他们生产的尿布就畅销日本，还打入了国际市场。现在，该公司生产的尿布数量占世界市场的1/3，多博川成了闻名世界的"尿布王"。

　　Laptop Lane公司的首席执行官发现一名衣着考究的经理人在机场寻找手提电脑的插座时，激发了他的业务构思。他还注意到三个趋势：商务旅行者的人数不断增加，越来越多的人携带手提电脑，他们中许多人希望与同事和顾客不间断地保持联系。于是这位首席执行官意识到，商务旅行人员有一项没有被满足的需求——旅途通信支持。于是他在机场架起了舒适的、全方位服务的工作站，包括复印、隔夜快递、会议室出租、传真和打印服务。每一个工作站设有4～12间办公室，面积为36～48平方英尺（约合3.3～

4.5平方米），墙高7英尺（约合2.1米）。场地租用费为前5分钟2美元，以后每增加1分钟增加38美分，该费用包括本地电话、长途电话和传真服务在内。

旅行是观察社会环境的一个良好机会。在旅行中，张恒发现国外旅行者装备精良。经过进一步调研，他发现国外的户外旅游用品是一个很大的产业。张恒看到了市场潜力，回到北京开始经营户外旅游用品，逐渐发展成中国户外旅游用品行业的巨头。1989年，有顾客抱怨买回去的旅游用品没机会用。张恒就成立了三夫户外运动俱乐部，经常组织户外旅游活动，从而带动顾客去消费。

大数据分析帮助我们提高对创新机会的敏感性。一家跨国广告公司应客户要求就美国儿童护理市场开展一项调查。该公司注意到父母会就个人的育儿经历和育儿过程中的关心事项在网络上展开讨论，这些来自社交媒体平台上的碎片化信息经过语义线索跟踪和分析整理，可以提供给相关企业作为市场调研报告，这项工作的结果是开发出新型的网络内容服务。

第五节 训 练

训练1：不常见的外形谁喜欢

请为以下物品设计不常见的外形并猜想它的潜在喜爱者。

例：书，常见形状（实体的方形），新形状（枕头状），潜在喜爱者（游客）。

1. 笔，常见形状（　　），新形状（　　），潜在喜爱者（　　）。
2. 电脑，常见形状（　　），新形状（　　），潜在喜爱者（　　）。
3. 窗帘，常见形状（　　），新形状（　　），潜在喜爱者（　　）。
4. 地板，常见形状（　　），新形状（　　），潜在喜爱者（　　）。
5. 黑板，常见形状（　　），新形状（　　），潜在喜爱者（　　）。
6. 桌子，常见形状（　　），新形状（　　），潜在喜爱者（　　）。
7. 斑马线，常见形状（　　），新形状（　　），潜在喜爱者（　　）。
8. 轮椅，常见形状（　　），新形状（　　），潜在喜爱者（　　）。
9. 台历，常见形状（　　），新形状（　　），潜在喜爱者（　　）。
10. 电插头，常见形状（　　），新形状（　　），潜在喜爱者（　　）。
11. 图书馆，常见形状（　　），新形状（　　），潜在喜爱者（　　）。
12. 床，常见形状（　　），新形状（　　），潜在喜爱者（　　）。
13. 儿童发型，常见形状（　　），新形状（　　），潜在喜爱者（　　）。

14. 戒指，常见形状（   ），新形状（   ），潜在喜爱者（   ）。
15. 拖把，常见形状（   ），新形状（   ），潜在喜爱者（   ）。
16. 水池，常见形状（   ），新形状（   ），潜在喜爱者（   ）。
17. 香水瓶，常见形状（   ），新形状（   ），潜在喜爱者（   ）。
18. 洗衣机，常见形状（   ），新形状（   ），潜在喜爱者（   ）。
19. 电线，常见形状（   ），新形状（   ），潜在喜爱者（   ）。
20. 菜单，常见形状（   ），新形状（   ），潜在喜爱者（   ）。
21. 地铁月卡，常见形状（   ），新形状（   ），潜在喜爱者（   ）。
22. 衣领，常见形状（   ），新形状（   ），潜在喜爱者（   ）。
23. 笔筒，常见形状（   ），新形状（   ），潜在喜爱者（   ）。
24. 餐盒，常见形状（   ），新形状（   ），潜在喜爱者（   ）。
25. 比萨，常见形状（   ），新形状（   ），潜在喜爱者（   ）。
26. 邮票，常见形状（   ），新形状（   ），潜在喜爱者（   ）。
27. 牛肉干，常见形状（   ），新形状（   ），潜在喜爱者（   ）。
28. 杯子，常见形状（   ），新形状（   ），潜在喜爱者（   ）。
29. 手表，常见形状（   ），新形状（   ），潜在喜爱者（   ）。
30. 月饼，常见形状（   ），新形状（   ），潜在喜爱者（   ）。
31. 橡皮，常见形状（   ），新形状（   ），潜在喜爱者（   ）。
32. 台灯，常见形状（   ），新形状（   ），潜在喜爱者（   ）。
33. 火柴，常见形状（   ），新形状（   ），潜在喜爱者（   ）。
34. 钱包，常见形状（   ），新形状（   ），潜在喜爱者（   ）。
35. 枕头，常见形状（   ），新形状（   ），潜在喜爱者（   ）。
36. 耳机，常见形状（   ），新形状（   ），潜在喜爱者（   ）。
37. 眼镜，常见形状（   ），新形状（   ），潜在喜爱者（   ）。
38. 背心，常见形状（   ），新形状（   ），潜在喜爱者（   ）。
39. 毛巾，常见形状（   ），新形状（   ），潜在喜爱者（   ）。
40. 湿巾纸，常见形状（   ），新形状（   ），潜在喜爱者（   ）。

训练2：不常见的功能谁喜欢

请找出以下商品的常见功能并设计不常见的新功能，想想谁是它的潜在喜爱者。
例：袜子，常见功能（保护脚），新功能（放存折），潜在喜爱者（孤寡老人）。

1. 橘子，常见功能（　　），新功能（　　），潜在喜爱者（　　）。
2. 口红，常见功能（　　），新功能（　　），潜在喜爱者（　　）。
3. 手机，常见功能（　　），新功能（　　），潜在喜爱者（　　）。
4. 故事书，常见功能（　　），新功能（　　），潜在喜爱者（　　）。
5. 电影院，常见功能（　　），新功能（　　），潜在喜爱者（　　）。
6. 糕点，常见功能（　　），新功能（　　），潜在喜爱者（　　）。
7. 摇篮，常见功能（　　），新功能（　　），潜在喜爱者（　　）。
8. 文件夹，常见功能（　　），新功能（　　），潜在喜爱者（　　）。
9. 电子秤，常见功能（　　），新功能（　　），潜在喜爱者（　　）。
10. 约会，常见功能（　　），新功能（　　），潜在喜爱者（　　）。
11. 健身，常见功能（　　），新功能（　　），潜在喜爱者（　　）。
12. 咳嗽，常见功能（　　），新功能（　　），潜在喜爱者（　　）。
13. 大笑，常见功能（　　），新功能（　　），潜在喜爱者（　　）。
14. 休息，常见功能（　　），新功能（　　），潜在喜爱者（　　）。
15. 气球，常见功能（　　），新功能（　　），潜在喜爱者（　　）。
16. 旅游，常见功能（　　），新功能（　　），潜在喜爱者（　　）。
17. 谈恋爱，常见功能（　　），新功能（　　），潜在喜爱者（　　）。
18. 吵架，常见功能（　　），新功能（　　），潜在喜爱者（　　）。
19. 跑步，常见功能（　　），新功能（　　），潜在喜爱者（　　）。
20. 打篮球，常见功能（　　），新功能（　　），潜在喜爱者（　　）。
21. 做家务，常见功能（　　），新功能（　　），潜在喜爱者（　　）。
22. 堆雪人，常见功能（　　），新功能（　　），潜在喜爱者（　　）。
23. 写诗，常见功能（　　），新功能（　　），潜在喜爱者（　　）。
24. 听音乐，常见功能（　　），新功能（　　），潜在喜爱者（　　）。
25. 读小说，常见功能（　　），新功能（　　），潜在喜爱者（　　）。
26. 电子游戏，常见功能（　　），新功能（　　），潜在喜爱者（　　）。

训练3：功能-利益相关群体分析

请找出以下物品的新功能，填在空格内，并思考谁会是潜在利益相关群体。

例：找出手机的一个新的功能：播放音乐。潜在利益相关群体：手机厂商。

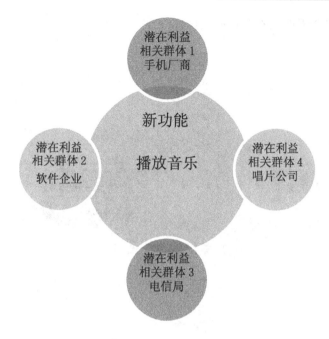

1. 机场的新功能及其潜在利益相关群体:

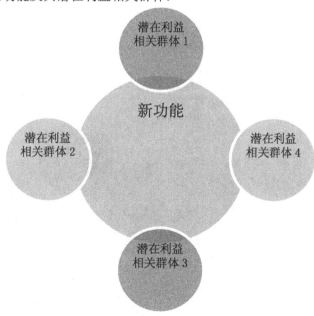

2. 微信的新功能及其潜在利益相关群体：

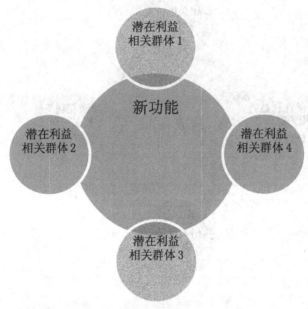

3. 百货大楼的新功能及其潜在利益相关群体：

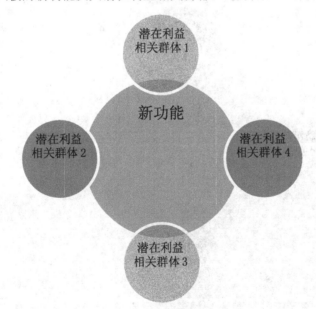

4. 观光车的新功能及其潜在利益相关群体：

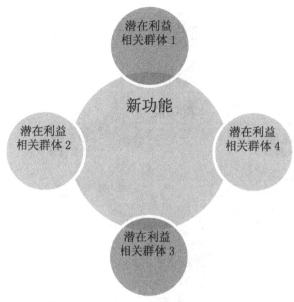

5. 血液的新功能及其潜在利益相关群体：

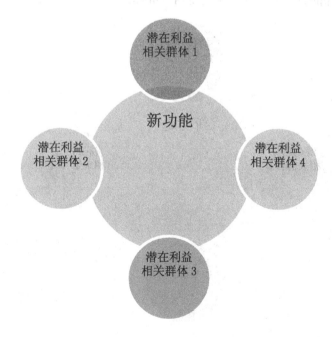

6. 盒饭的新功能及其潜在利益相关群体：

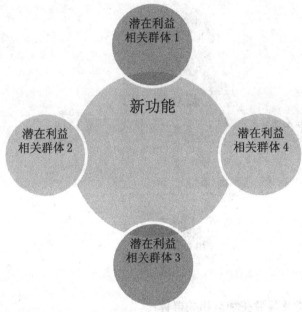

7. 手工美术课的新功能及其潜在利益相关群体：

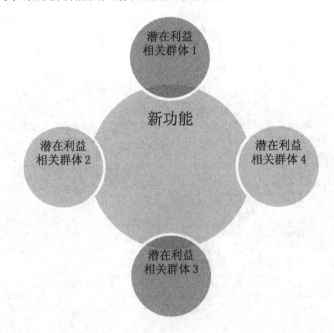

8. 厨房的新功能及其潜在利益相关群体：

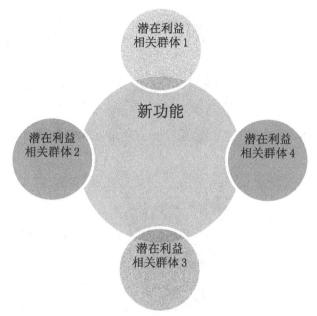

9. 自行车棚的新功能及其潜在利益相关群体：

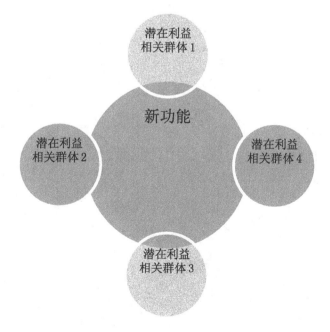

10. 邮局的新功能及其潜在利益相关群体：

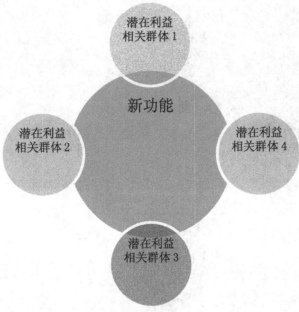

11. 报纸的新功能及其潜在利益相关群体：

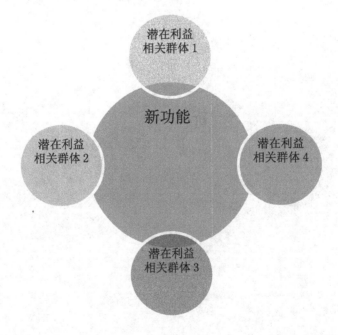

12. 魔术的新功能及其潜在利益相关群体：

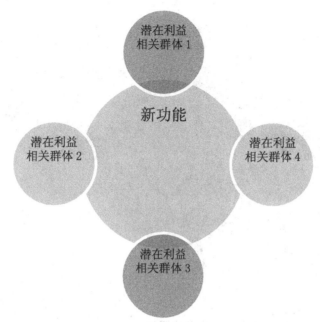

13. 旅游的新功能及其潜在利益相关群体：

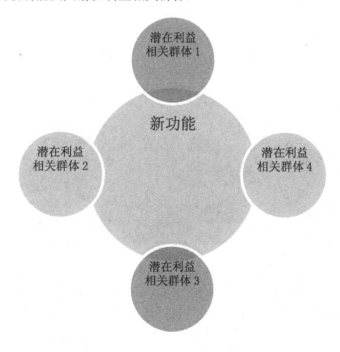

14. 剪刀的新功能及其潜在利益相关群体：

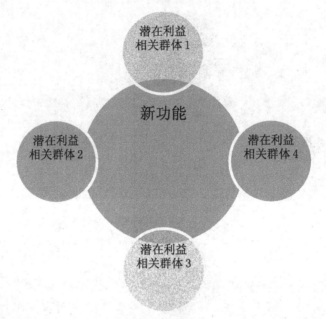

15. 录音机的新功能及其潜在利益相关群体：

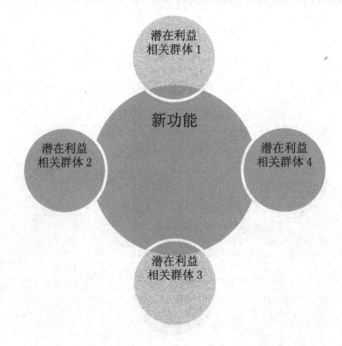

16. 跳棋的新功能及其潜在利益相关群体：

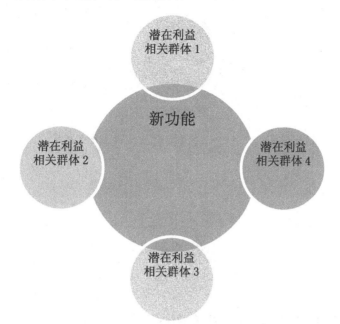

17. 泡菜的新功能及其潜在利益相关群体：

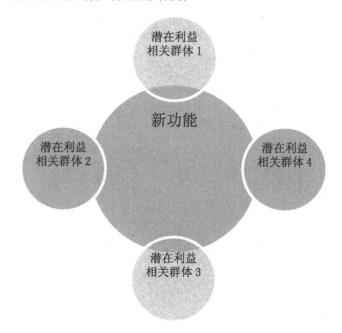

18. 算盘的新功能及其潜在利益相关群体:

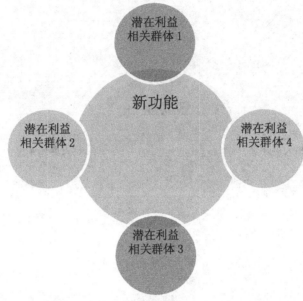

19. 玉米的新功能及其潜在利益相关群体:

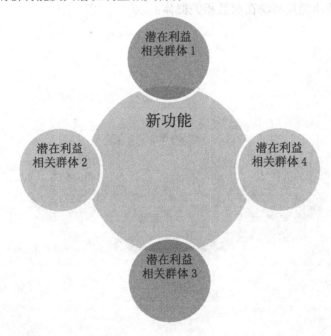

20. 明信片的新功能及其潜在利益相关群体：

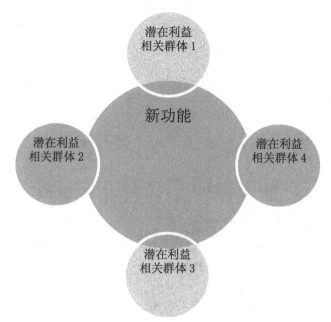

21. 风车的新功能及其潜在利益相关群体：

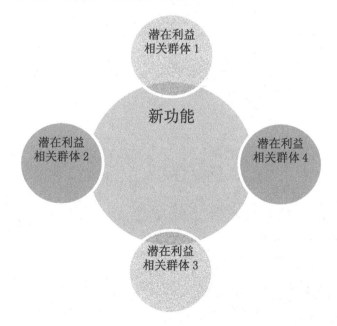

22. 观光车的新功能及其潜在利益相关群体：

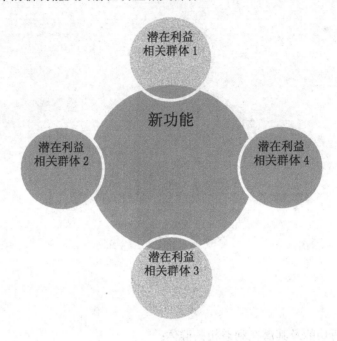

第六章

抽象与本质思维训练法

第一节 抽象与本质思维

　　抽象是去除非核心的要素，提炼本质特征的一个过程。抽象让人们挣脱了具体细节的束缚，领悟到思考对象的根本特征，是创新思维的一个重要方面。流传至今的《易经》，以乾、坤两卦为基础，用64卦反映了自然发展的变化规律，这种对现象本质的提取实在高妙。与此相似，怀特海在《思维方式》中指出，数学作为一个典型的抽象思维的学科，把事物与事物体现的抽象条件区别开来，对自然现象和社会现象的空间形式与数量关系进行抽象提取，使得数学有广泛的应用性，为科学、技术、经济、管理、医药等诸多方面的工作提供了方法和工具，对社会发展起着普遍的、巨大的推动作用（怀特海，1989）。

　　直接触及事物本质的能力为许多杰出人士所拥有。比如，青年数学家阿普顿刚到爱迪生的研究所工作时，爱迪生想考考他的能力，于是给了他一只实验用的灯泡，叫他计算灯泡的容积。一个小时过去了，爱迪生回来检查，发现阿普顿仍然忙着测量和计算。爱迪生说："要是我，就往灯泡里灌水，将水倒入量杯，就知道灯泡的容积了。"身为数学家的阿普顿具有很强的计算能力与逻辑思维能力，然而，解决这个问题更需要像爱迪生那样具有直奔任务目标、捕获任务本质的能力。无独有偶，《圣经》中的智慧王所罗门也擅长这一思维能力。两名妇女被带到所罗门王面前，她们都自称是一个婴儿的母亲。所罗门在判案时，假装下令拟将那个婴儿切成两半，给两名妇女一人一半。结果，真正的母亲宁愿让另一个母亲占有自己的孩子也不愿让他死去。因为所罗门抓住了真假母亲的本质区别在于对孩子的牵挂与爱护，所以他的对策是直截了当，用了一服猛药区分出真假母亲。

如何把握在众多具体现象背后的根本要素是本质思维的关键。有一家公司正为如何鼓励员工创新而发愁,有人就提出了一个想法:用员工的名字为成果冠名,以此来鼓励创新。这是一个具体的提案,可喜的是,公司在这个想法基础上,提取出一个对于激励至关重要的概念——让个人拥有成就感,并且围绕个人成就感进行思考,想出了多个主意,包括:对公司创新有特殊贡献的员工,在特定用品上面印上其肖像,以示奖励;创立公司名人堂、终身员工奖、以其个人命名的基金、奖励其可以为产品命名、奖励与CEO共进晚餐等。只有从具象上升到抽象,才有能力进一步指导管理实践。

门捷列夫所发现的元素周期律是本质思维的另一个典型。在门捷列夫编写无机化学讲义时,被人类发现的化学元素已达63种,但是,元素之间的联系并不清晰。门捷列夫对人类的重要贡献在于他提出元素的原子量是相等或相近的,性质也相似或相近,而且元素的性质和它们的原子量呈周期性的变化。从任何一种元素算起,每数到8,这个元素就和第1个元素的性质相近,他把这个规律称为"八音律",这就是说,元素的性质与它们的原子量有周期性的关联。化学元素周期表指导人类探寻新元素,矫正了以前测得的原子量,它帮助人类认识到化学元素性质发生变化是由量变到质变的过程,把原来认为各种元素之间彼此孤立、互不相关的观点彻底打破了,奠定了现代化学的基础。

20世纪60年代法国的一家跨地区商务连锁旅店企业由于市场竞争加剧,经营业绩几年徘徊不前,在明确了不改变主业以及依旧以商务人士作为自己的目标消费群的前提下,公司对商务旅行人士的住宿需求进行了多维度的分解、分析。经过细致的调查分析,他们了解到,这些商务旅行人士对于住宿需求的排序是安静、床的质量、交通便利性、服务质量稳定性、价格。掌握了这些需求本质之后,他们对各地的连锁旅店进行了隔音处理,配备了最舒适、最宽大的床,在提供稳定的服务水平的同时将价格重新统一定位在中档水平,而在其他方面只满足最低水平,不加重点关注。此后,这家公司的业绩增长很快。与此相似,化妆品公司露华浓的主要创始人认为:"在工厂里我们制造的是化妆品;在商店里我们出售的是希望。"

第二节 训　　练

训练1:猜类别名称

请猜一猜以下词汇的类别名称。

例:以下对象可以归为一类:(　　)

——木乃伊
——驯养的小猪
——海牛目哺乳动物
——带羽毛的扇子
——豺狗

答案：埃及皇帝的财产

1. 以下对象可以归为一类：（　　）
   ——毒蛇
   ——石榴裙
   ——刀剑
   ——遗嘱
   ——神庙

2. 以下对象可以归为一类：（　　）
   ——信用合作
   ——黄土
   ——田园风光
   ——沟渠
   ——拖拉机

3. 以下对象可以归为一类：（　　）
   ——财富
   ——奢靡
   ——福布斯
   ——遗嘱
   ——国外

4. 以下对象可以归为一类：（　　）
   ——起义
   ——政治工作
   ——辖区
   ——遗嘱
   ——神庙

5. 以下对象可以归为一类：（　　）
   ——农场

—拖拉机
—小麦
—文字
—礼包

6. 以下对象可以归为一类：（   ）
   —训练
   —跑步机
   —体重仪
   —大坝
   —蚂蚁

7. 以下对象可以归为一类：（   ）
   —自行车
   —茶几
   —侦探
   —枷锁
   —放大镜

8. 以下对象可以归为一类：（   ）
   —西瓜皮
   —马路
   —红绿灯
   —闹钟
   —麻袋

9. 以下对象可以归为一类：（   ）
   —档案
   —颜料
   —画笔
   —围裙
   —绘本

10. 以下对象可以归为一类：（   ）
    —三角形
    —钻石
    —碳
    —太空舱
    —琥珀

训练2：串词编故事

请用1分钟时间将以下名词用动词串成一个有趣的故事。
例： 魔兽　床头　电　快递
　　　　魔兽玩具跳下床头，通上电，收了快递。

1. 锁　　　　帽子　　　歌曲　　　艳阳
2. 小狗　　　桥　　　　钥匙　　　门
3. 猫　　　　台灯　　　沙发　　　薯条
4. 手机　　　森林　　　小鸟　　　歌曲
5. 男孩　　　窗户　　　足球　　　蛋糕
6. 女孩　　　太阳　　　衣服　　　镜子
7. 汽车　　　风　　　　蒲公英　　天空
8. 雨水　　　马路　　　蜗牛　　　朋友
9. 小偷　　　商场　　　书包　　　炸弹
10. 老鼠　　　房子　　　桌子　　　大米
11. 警察　　　电脑　　　鲜花　　　生日
12. 圣诞老人　书桌　　　袜子　　　星球
13. 猴子　　　火柴　　　小鱼　　　宝宝
14. 孩子　　　课本　　　秋千　　　熊猫
15. 外星人　　地球　　　苹果　　　山洞
16. 天使　　　墙壁　　　翅膀　　　医院
17. 虫子　　　啤酒　　　音乐　　　水池
18. 小狗　　　口红　　　超市　　　衣服
19. 狮子　　　大街　　　梳子　　　头发
20. 乌龟　　　沙滩　　　树枝　　　彩虹
21. 公主　　　马　　　　悬崖　　　玫瑰
22. 妈妈　　　灯　　　　蜡烛　　　土豆
23. 青蛙　　　田野　　　歌曲　　　虫子
24. 春天　　　冬天　　　大地　　　足迹
25. 理想　　　学校　　　人　　　　天空
26. 落叶　　　翅膀　　　天空　　　老鹰

27.	蝴蝶	树	蜂蜜	舞蹈
28.	雪人	楼房	冰箱	鸡肉
29.	企鹅	高山	大海	北极熊
30.	侠客	剑	怪物	方便面

训练3：短文标题还原

以下是一些知名的小短文，请写出你心目中的短文标题，并与原标题进行比较。

例：不能设想，古罗马的角斗场需要重建，庞贝古城需要重建，柬埔寨的吴哥窟需要重建，玛雅文化遗址需要重建。这就像不能设想，远年的古铜器需要抛光，出土的断戟需要镀镍，宋版图书需要上塑，马王堆的汉代老太需要植皮丰胸、重施浓妆。只要历史不阻断，时间不倒退，一切都会衰老。老就老了吧，安详地交给世界一副慈祥美。假饰天真是最残酷的自我糟践。没有皱纹的祖母是可怕的，没有白发的老者是让人遗憾的；没有废墟的人生太累了，没有废墟的大地太挤了，掩盖废墟的举动太伪诈了。

你给短文命名的标题：（　　　　）。

原标题：还生命以过程　（余秋雨）。

1. 这就是人类的大明智。当然，并非所有的废墟都值得留存，否则地球将会伤痕斑斑。废墟是古代派往现代的使节，经过历史的挑剔和筛选。废墟是祖辈曾经发动过的壮举，汇聚着当时的力量和精粹。废墟是一个磁场，一极古代，一极现代，心灵的罗盘在这里感应强烈。失去了磁力就失去了废墟的生命，它很快就会被人们淘汰。

   你给短文命名的标题：（　　　　）。

2. 世间人情多讲究赠人以物，而物尽必然情非。我赠人以云，君行千里，抬头便见白云，还怕断了友情不成？人间冷暖是人最在乎的，人与人的交往也往往就在这"冷暖"二字上。

   你赠物于他并不能心暖，而赠他一份真情可能就是冬天也觉得暖的——推心置腹的交谈，忘情的一次郊游，互相推荐几本可读的书，帮他出一个能摆脱困境的主意？这一切都像你赠他一片白云一样，会永远地飘荡在他的天空里，使他欣喜，使他兴奋，使他的生命充满活力。

   在朋友生命的天空里，飘荡着我赠予的这样的白云；在我生命的天空里，也飘荡无数这友情的白云。不想让白云化雨，不想让白云蔽日，更不想让白云产生什么奇迹，只想经常看几眼白云，让自己明白世上还有友情存在。赠朋友白云般的纯洁，白云般的透明，白云般的人生理想与向往，他才会生活得如白云般洒脱与自由。

你给短文命名的标题：（　　　　）。

3. 没有什么是一成不变的。生活就像自然，有阳春，也有金秋；有酷夏，也有寒冬。走运和倒霉都不可能持续很久。对于突然情况，如果没有充分的思想准备，那么厄运就会像大海的波涛一样，在你生活的海岸上忽起忽落拍打不停。相应的，高潮和低潮，日出和日落，富有和贫穷，快乐和失望，将应运而生。

做好最坏的准备。别羡慕那些春风得意的骄子。他们往往是脆弱的，一旦面临灾祸，就会束手无策，彻底崩溃。也别学那些倒霉背时的可怜家伙。他们一遇到挫折就不能自拔，常常沉溺于悲哀，一错再错，在眼看就要柳暗花明之际，却躺下不再起来。注意坚持不懈，别学他们的样儿。

要永远坚信这一点，一切都会变的。无论受多大创伤，心情多么沉重，一贫如洗也好，都要坚持住。太阳落了还会升起，不幸的日子总有尽头，过去是这样，将来也是这样。

你给短文命名的标题：（　　　　）。

4. 不要希望人类是完美无缺的，不要希望每一个人都像圣人一样是完全舍己为人的，不要这样希望！我认为，我们这样承认，并没有什么不好。而且唯有这样承认了之后，我们才可以对人间多存几分原谅，少受一点失望的打击。假如你为人间冷酷而难过，那么你唯一能做的事就是由你自己发出光和热，使人间减少一分冷酷，增加一分温暖。假如人人都停止抱怨别人，而由自己本身去发光生热，这人间就温暖得多了！

不要希望人们一点也不虚伪。你只能希望人们在虚伪之中仍不忘善意，并且希望人们能在该诚恳的时候诚恳，这就够了。

不要对人类失望！我们生就是这个样子的。有好处，也有缺点；有可爱的地方，也有令人失望的地方。能承认这些，我们才可以用宽容的态度来对待人生。

你给短文命名的标题：（　　　　）。

原标题：

1. 还生命以过程（余秋雨）。
2. 赠人一片云（王书春）。
3. 永恒的变化（[美]曼迪诺）。
4. 正眼看人生（罗兰）。

训练4：辩论两方的立场

以下是辩论赛中两队的不同观点，请找出两队的本质冲突。

例：辩论题目：学生们是否应穿统一校服？

A 队：学校应推行统一校服，因为整齐，出去参加活动，别人一看就知道是我们学校的，有利于增加集体荣誉感；而且，早晨起来不用伤脑筋决定穿哪件衣服，再也不会有人因为这个迟到了！大家穿得都一样，就不会有人对你的穿着指指点点，甚至嘲笑了。

B 队：孩子们有权利决定他们穿什么来上学，这是他们个人意识的表达。

回答：两队观点的本质差异是（集体主义） VS.（个体主义）。

1. 辩论题目：学校是否应花钱进行垃圾分类回收
   A 队：这个钱值得花，学校必须进行垃圾分类回收，保护我们的地球。
   B 队：没有必要，这些钱可以省下来，为全校所有孩子免费提供冰激凌！
   回答：两队观点的本质差异是（   ） VS.（   ）。

2. 辩论题目：不同的捐助
   A 队：他若当选，将保证学校的每位学生都将拥有一台平板电脑用于学习。
   B 队：他若当选，将在学校的体育馆内建一座游泳池，既可用来上体育课，又可用于休闲娱乐，好处多多。
   回答：两队观点的本质差异是（   ） VS.（   ）。

3. 辩论题目：挣钱多好吗
   A 队：挣很多钱，才能回馈给社会，才是对社会最大的帮助。
   B 队：一个人挣钱太多，就意味着剥削，就是为富不仁。
   回答：两队观点的本质差异是（   ） VS.（   ）。

4. 辩论题目：顺境还是逆境更有利于人的成长
   A 队：从人的身心发展来看，一方面科学的营养供给、健全的公共卫生体系，比起匮乏的物质保障、欠缺的公共卫生服务，更有利于人的生理成长。另一方面，顺境更有利于人心智的成长，人心智的成长包括认知能力的提升、性情的陶冶、品格的养成。
   B 队：逆境更有利于人的成长，是基于三个理由。第一，逆境增长人的理念与知识，当我们发现，这条路我们走错了，我们就多知道一条错的路是怎么走的，所以我们人生的见识以及种种的经验就更丰富了。爱迪生说成功不是唯一的成果，我有了五万多个成果，因为我吸取了五万多次的经验。第二，我们认为逆境拓展了人的视野及格局，当我们发现，这条路比我们想象中走得更困难的时候，下一次我们做的那种预期将会更高，我们做的准备将会更多。一个人如果预期他三分钟完成一个问题，结果他花了八分钟的时间，下一次他就会做八分钟的准备。第三，我们认为，逆境有助于刺激我们的潜能，在路上我们有风险，有了挑战，才会激发出我们自己也想象不到的能力。

  回答：两队观点的本质差异是（　　　）VS.（　　　）。

5. 辩论题目：科学发展应不应该有伦理界限

  A 队：科学发展之所以不应受到伦理的界限，关键在于它本身是中性的，它只是客观冷静地告诉我们什么是真相，它站在善恶的彼岸；而伦理的规范对象是人，它约束的只是人的行为。相对人类的福祉，它们都是末而不是本。如果我们因为害怕有人误用了这真相而苛责真相，这是不是有失公道呢？

  B 队：科学的个体价值就必须服从社会整体价值方能各得其所，否则就会导向异化。它的发展轨迹不能偏离人类的福祉这个方向，而伦理界限正是对其方向予以限制。核子武器可以将地球毁灭数十次，克隆技术冲击着人类信仰的总根基，基因工程可以从根本上改变物种的性状。文明和废墟只有一线之隔。当我们手中的武器轻轻一碰就有可能毁灭掉整个人类时，你的手不发抖吗？

  回答：两队观点的本质差异是（　　　）VS.（　　　）。

6. 辩论题目：高校排名是否有利于高等教育的发展

  A 队：高等教育是一项社会公益事业，高校排名是社会需求的产物。公众对它的关注本身就体现了高校、高等教育地位的上升，它必须承担起更大的责任。它需要公正、公开、透明，它需要提供更多的选择，它需要效率和质量保证，它需要与外界充分的交流与互动。高校排名正是这样一种监督机制、参考机制和讨论机制。

  B 队：由高校排名产生的某些高校因过度追求排名，从而进行恶性竞争，忽视应该完成本身职能的问题是令人寒心的。高校本身的职能应是教学和科研，而如果为了争夺排行榜上的"好名次"而采取某些不正当的手段，忽视自身内在职能时就不利于高校发展了。很多排名靠后的高校，一味地将心思用在怎样提高学校的排名上，行贿收买，恶性竞争，放弃加强教学和研究，本末倒置后终将是毁了高校的发展。

  回答：两队观点的本质差异是（　　　）VS.（　　　）。

7. 辩论题目：安乐死应不应该被合法化

A 队：当一个病人已无望好转，且遭受着肉体和精神上的极端痛苦之时，勉强延长生命就不是美好，而是求生不成、求死不成的煎熬。让精神和肉体经历惨不忍睹的折磨，不如主动结束生命，选择有"尊严"的死亡。如果医生明知绝症患者不可逆转地濒临死亡，并且处于不堪忍受的极端痛苦之中而熟视无睹，既是对患者本人肉体的摧残，也是对患者家属与亲友精神的折磨。一些身患绝症、死亡随时可能到来、身心处于极度痛苦状态中的人，有权选择结束生命的方式，以求解脱病痛对身心的折磨。这一行为，对自己、对家属、对社会都有益。

B 队：安乐死只是人为地缩短生命的长度。它既不是帮助病患解除痛苦的唯一途径，更不是最佳途径。现代医疗科技的发达为病患提供了更佳的选择——安宁疗护。安宁疗护可以大大减缓临终病人的疼痛，使病人不再因为忍受不了病痛折磨而选择安乐死来提早结束生命。从减缓濒死病人的苦痛来考量，我们该做的应是发展适当且有效的临终关怀体系，而非施行安乐死。临终关怀在不缩短生命的长度的同时提高了病人的生命质量，协助病人安静地、有尊严地死去。真正做到去者能善终，留者能善留。

回答：两队观点的本质差异是（　　　　）VS.（　　　　）。

8. 辩论题目：金庸小说应不应该进入中学课本

A 队：兴趣是最好的老师，既然学生喜欢阅读，如何利用小说的吸引力，通过精心的选材，老师正面的解读和引导，课堂效果可想而知该有多么的好。既然阅读已是不争的事实，我们为何不交给学生这把阅读金庸小说的钥匙呢？让他们知道如何看清其文化底蕴，如何判断真的是非善恶，这更有利于他们以后的阅读。最后，看看中学语文的发展趋势，文学类别没有优劣之分，文章和教材也应该是兼容并包，雅俗共赏。作为通俗小说佼佼者的金庸小说既符合教材要求，又能够在趣味和教学性上达到完美平衡，还符合语文教材的发展趋势，我们当然应该让它进入中学课本。

B 队：金庸小说着实不应该摆到课本里面去排挤那些老师不教、学生就不去读或者读不懂的作品。我们说倘若课本是知识的媒人，那么像金庸小说这种仿佛既有外在美又有内在美的漂亮的"女孩子"，是不需要课本这个媒人去大力地推广它。为什么呢？因为所有的中学生都会主动地去追求它，而反观像《六国论》《过秦论》《孔雀东南飞》这种有内涵，但是可能因为时间的洗礼，它没有那么多的外在美的课文，着实是需要课本去大力地推广它，不然学生是不会去主动追求的，因此我们说金庸小说这位漂亮的"大美人"，还要去跟学生眼中"黄脸婆般"的文言文作品来抢这个媒人是有那么一点不应该的。

回答：两队观点的本质差异是（　　　）VS.（　　　）。

9. 辩论题目：计划生育是否适应现代社会

A 队：发达国家目前在提倡多生育，是因为它们的经济水平已经达到了一定高度，人口却变成了负增长，所以促进人口快速增长来匹配经济的发展，而我国目前的基本国情不符合这一标准，我们还是发展中国家，并且将长期处于这一时期，要想摆脱这一时期，带动经济快速发展，就必须要控制人口数量，同时提高人口质量。我们需要的是人才而不是过量的劳动力，同等数量的人才创造的价值远远超过同等数量的劳动力。

B 队：我国老年型社会自从 2000 年就已经开始了。老年人口的相对增加，导致劳动人口的抚养问题日益凸显，社会保障问题突出，老年人生活质量下降，产生心理疾病。现有劳动人口很快又转变成老年人，老年人的逐年增加对积累资金产生很大威胁，久而久之，计划生育以及倒三角形人口增长方式会阻碍社会的发展，造成社会进步缓慢，严重制约经济快速发展，后果不堪设想。

回答：两队观点的本质差异是（　　　）VS.（　　　）。

10. 辩论题目：是否该支持他人减肥

A 队：个人为了追求更好的身材而减肥难道我们不应该支持吗？爱美之心，人皆有之。爱美不仅给予他人自信的笑容，而且给予他人良好的第一印象，良好的第一印象能使你和他人拥有一个良好的开端。

B 队：当今社会人人谈减肥，甚至对瘦的追求到了病态的地步。支持减肥只会助长人们不健康的生活方式以及对美的病态追求。

回答：两队观点的本质差异是（　　　）VS.（　　　）。

11. 辩论题目：高中毕业生出国留学的利弊

A 队：高中毕业生学习能力强，且有一定的判断能力及自理能力，是个人选择出国留学的最佳时期。出国留学是一个接受崭新学习理念和方式的机会，相比于国内的应试教育，可以更好地提供一个平台来提高我们的创造力，更好地培养我们的自主学习能力，更能帮助我们发挥自己的潜能，找到适合自己的学习方式和领域。

B 队：高中毕业生处于自我熟悉的心理时期，在此关键时期，他们需要的是一个相对熟悉与稳定的社会文化环境，来解决自我熟悉的危机和形成独立的自我意识，而出国留学带来的环境突变，会造成自我迷失与决策混乱，从而带来心理失衡和行为失范，不利于成长。

回答：两队观点的本质差异是（　　　）VS.（　　　）。

12. 辩论题目：追求理想与享受生活是否矛盾

  A 队：追求理想是自己选择的生活方式，追求的过程即是在享受生活。人生苦短，何为快乐，那便是做自己喜欢的事情！纯粹的享乐是虚无的假乐，为自己的理想奋斗才会感到充实、快乐。难道我们真的甘心赤裸裸地来到这世上又赤裸裸地离去？若是短短几十年的生命都不能执着于自己的理想，一直活在他人的舞台做配角，这样的生活意义何在？

  B 队：追求理想的人心中是不满足的，享受生活的人心中是满足的。看看我们身边在追求理想的同学就会明白。当知道要考试的时候，我们会出现兴奋、紧张或者不安的情绪，但绝不会出现满足感，因为我们还在追求，在奋斗。心中存有欲望的人，身心也不是处于一个真正放松的状态。如此说来，两者怎能不矛盾？

回答：两队观点的本质差异是（　　　）VS.（　　　）。

13. 辩论题目：中庸之道是否应该提倡

  A 队：从个人角度看，中庸倡导过犹不及，容易让人们安于现状、甘于平庸，磨损人的锐气，消耗人的斗志；中庸倡导平稳安定，容易埋没人的创造力，折损人的创新精神；中庸倡导安分守己，不要锋芒毕露，会让人缺乏大胆说出自己独特鲜明看法的勇气，丧失竞争能力，这些与现代社会对人才的需求显然是不符合的。

  B 队："中庸"就是度的正确把握和关系的良好协调，就是在平衡中寻求发展。所谓"道"，既是理念，也是方法。现代社会面临的诸多问题，归根到底都是关系的失衡，中庸之道作为一种有效的手段，一定能够协调各种关系，有益于社会的和谐稳定发展，因此，应该提倡中庸之道。

回答：两队观点的本质差异是（　　　）VS.（　　　）。

14. 辩论题目：大学生炒股应不应该鼓励

  A 队：虽然多数大学生承认自己有炒股风险准备，但在实际操作中靠运气获利的侥幸心理十分突出，大部分学生股民对泡沫经济、股市变化、投资前景没有做详尽的了解、调查和分析，炒股轻易致富的思想影响了传统勤劳致富的就业观念，给涉世不深的大学生人生观造成混乱；同时，面对股市的残酷和激烈等起伏不定的风险，他们尚缺乏足够的心理准备。

  B 队：经济或金融类专业平时上的课很多都停留在宏观的知识层面，根本没涉及具体的企业微观分析，也不会教具体怎么炒股，所以和实际操作是脱节的。

大学生炒股可以培养学生运用所学知识进行理财的能力。

回答：两队观点的本质差异是（　　　　）VS.（　　　　）。

15. 辩论题目：见义勇为应不应该奋不顾身

    A 队：这个社会需要见义勇为，见义勇为需要奋不顾身，当遇到危险时我们应将国家、民族、社会、他人利益置于首位，个人安危放在最后，这符合我们民族的道德标准，符合人民群众的利益。

    B 队：我钦佩见义勇为，但前提应该是保护自身的安全。这不是自私，而是合乎自然的人的本性所在。所谓权利与义务是对等的。对于罪恶，我们作为普通的市民，应该在力所能及和保护自身的基础上配合警方打击罪恶，但是，我们没有执法的权利，因为法律没有赋予我们执法的权利，所以，我们也没有相应的义务。

    回答：两队观点的本质差异是（　　　　）VS.（　　　　）。

16. 辩论题目：职业有无高低贵贱之分

    A 队：每个人都希望用自己最少的劳动获取更大的利润，以最轻松、最体面的劳动来获得社会的认同。有国家的存在、有社会的分工，那么就有社会不同阶层，既然有社会的不同阶层，那么必然导致有不同的劳动分工。

    B 队：我认为一个人只要做好自己的本职工作，就是最棒的职业。很多人虽然做着平凡的工作，却给社会做了那么多的贡献，难道我们不该敬佩他们吗？职业实际上不应该有贵贱之分。

    回答：两队观点的本质差异是（　　　　）VS.（　　　　）。

17. 辩论题目：愚公是否应该移山

    A 队：山是困难的源头，搬山才是解决问题的根本办法。搬家是逃避困难的，也非长久之计，因此，愚公应该用移山的方式来达到从根本解决问题的目的。

    B 队：有的困难可以绕过，这时就需要有变通的方法，智慧的方法，你若蛮干强干，你就不聪明。那么我们看愚公所面临的困难属于哪一种呢？他只不过想让子孙通往外界的路更便捷。所以，移山纯属小题大做，他完全可以开一条隧道，挖一条沟渠，再不行就举族而迁。俗话说：人挪活，树挪死，走出大山更快活。

    回答：两队观点的本质差异是（　　　　）VS.（　　　　）。

18. 辩论题目：吃亏是不是福

    A 队："吃亏是福"是一种传递善意的观点。当我们打的去购物时，将停在面前的出租车让给后面急于赶会议或急于去医院治病的人，这时的我们需要再多等一段时间，或许减少了购物的时间，但我们将一份善意传递给了那些需要帮助的人，爱心是无价的，它不需要回报，但却可以心心相传。

B队：正常人都是理性的经济人，追求自己的利益最大化是人的本性，所以从理性人的角度看，吃亏对吃亏者来说，不是福。当然，道德和法律要求我们不能为了一己私利损害他人和社会的利益。

回答：两队观点的本质差异是（　　　）VS.（　　　）。

19. 辩论题目：钱是不是万恶之源

    A队：莎士比亚早就揭露道：金钱可以使黑的变成白的，丑的变成美的，错的变成对的，卑贱的变成尊贵的。正因为金钱具有如此混淆是非、颠倒乾坤的无边法力，它才成为滋生种类繁复、数量极多的罪恶肆意蔓延的深刻根源。

    B队：人具有自由意志，有选择的权利，因此人必须为自己的行为负责，我们不应该把一切恶的罪行都怪罪于钱上。同样是钱，为什么君子求财却是取之有道，小人求财却是偏偏喜欢偷盗呢？可见，问题的关键根本就不在于钱本身。

    回答：两队观点的本质差异是（　　　）VS.（　　　）。

20. 辩论题目：开卷是否有益

    A队：博览群书能使人拥有高深的学问，能言善辩，受人尊敬。古代诗圣杜甫有句名言："读书破万卷，下笔如有神。"这一点是不能否认的，杜甫所博览过的书不可计数，虽然许多书都被他翻烂、翻破，但书中的知识却深深地印在他的脑子里，在他写文章、作诗的时候，一连串的好词好句便从笔尖顺流而下，一篇篇的佳作名诗便流传千古，被人们传诵。

    B队：现在的书店受市场经济的影响，竞争激烈。一些不法书商为了赚钱，所出版的书籍质量参差不齐。自制力不强的读者，看到这类书，经不起诱惑，甚至还会达到废寝忘食、手不释卷的程度，还有些人被书中的一些情节所吸引，模仿书中的人物，滑向犯罪的深渊。这岂不是害了自己吗？

    回答：两队观点的本质差异是（　　　）VS.（　　　）。

21. 辩论题目：酒香怕不怕巷子深

    A队："酒香不怕巷子深"的背后有着深刻的原因。"巷子"深了，无非两种结果，一是好东西可能不为外界所知；二是即便知道，也可能因路途遥远而不愿涉足。可事实上，"巷子深否"与"外人知否"没有必然的联系，巷子深处，做好宣传，外人一样知道；至于路途遥远而不愿涉足则更是多虑，心理学研究告诉我们，当目标好到可以激发起我们强烈的获得动机时，再大的困难我们都愿意去克服。

    B队：我们所处的是一个知识大爆炸、高速发展的信息时代，我们不能等待一个偶然的过客的发现，而要通过各种媒体宣传把酒放在人们所能看到、闻到的地方，尤其是利用随处可见的广告。可以说，通过广告宣传自我，是最符合这个时代的方式，同时这也体现商家们惧怕巷子深的观念和想法。

回答：两队观点的本质差异是（　　　）VS.（　　　）。

22. 辩论题目：是否该以成败论英雄

    A 队：以成败论英雄的可取性表现在它具有广泛的现实意义。因为作为一种价值观，它鼓励全社会学习英雄，追求成功。时代呼唤英雄，社会鼓励成功，这样的民族才能进步，这样的社会才能发展。

    B 队：一个具备杰出才能、品质的英雄是否取得外在功业上的成功，还要受到天时、地利、人和等客观因素的影响。南宋时的岳飞精忠报国，文韬武略，但却因为生不逢时，未遇明主，最后只能壮志未酬地屈死"风波亭"。三国时的孔明，运筹帷幄，决胜千里，但却因为属国地力不济，实力太弱，到头来只落得"出师未捷身先死，长使英雄泪满襟"。

    回答：两队观点的本质差异是（　　　）VS.（　　　）。

23. 辩论题目：常回家看看该不该入法

    A 队：如今我国老龄化问题日趋严重，各地发生的由于子女不孝导致的令人痛心疾首的事件日益增多，"空巢老人离世多日无人发现""老人状告孩子，只为让其常回家看看"等事件让人不得不担忧老人的精神生活，"常回家看看"入法，无疑是想用法律保障老人，让他们在面对不孝子女时拥有与之讨论的勇气。老人的背后有了法律做自己的靠山，法院在处理相关案件时也有了保护老人的依据，这有何不好呢？

    B 队：从思想道德来说，常回家看看属于孝道范围。我们本应注重从思想教育入手，而今不从思想、精神领域倡导孝道，而直接写入法律，就是直接把孝道从精神领域转移到法律范畴。此时身为人子，本是孝之于父母的天道，却套上了法律条款，总有点像不去偷盗的原因一样，怕违法了，是不是让孝子们有点苦涩之感。

    回答：两队观点的本质差异是（　　　）VS.（　　　）。

24. 辩论题目：走自己的路，让别人说去吧

    A 队：嘴巴长在别人身上，我们不可能去堵着别人的嘴巴，不让他说三道四，要是我们去堵别人的嘴巴，说不定会被别人反咬一口，说我们侵犯了他的人身权利。此时我们只有"掩耳盗铃"，装作什么也没听见。要做到"掩耳盗铃"，必须要好好地增强自己的心理承受能力，提高自己的心理素质，只有这样我们才具有免疫能力。

B队：人是社会的产物，人与人之间的交流，活动是维系社会存在的前提。假如每个人都走自己的路，让别人去说，只会使人们孤立地存在。社会中的各种联系就会不复存在。这是违背马克思主义哲学中的任何事物都有联系这一观点的。缺少交流的社会是一个支离破碎的社会，人们将我行我素地行事。

回答：两队观点的本质差异是（　　　　）VS.（　　　　）。

25. 辩论题目：近朱者赤，近墨者黑

A队：生活中，我们都会在不经意间接受来自环境的一些潜移默化的影响，从而不知不觉地改变了自己的品行。古往今来，有许多真实的事例可以说明这一点。

B队：内因是事物发展的根据，起决定作用的是内因。荷花出淤泥而不染，关键还是在于人本身的主观能动性。

回答：两队观点的本质差异是（　　　　）VS.（　　　　）。

训练5：给图命名

1. 请观察以下3幅图，在1分钟内凝练出抽象的词汇，越多越好。

2. 请观察以下 3 幅图，在 1 分钟内凝练出抽象的词汇，越多越好。

3. 请观察以下 3 幅图，在 1 分钟内凝练出抽象的词汇，越多越好。

4. 请观察以下 3 幅图，在 1 分钟内凝练出抽象的词汇，越多越好。

5. 请观察以下 3 幅图，在 1 分钟内凝练出抽象的词汇，越多越好。

6. 请观察以下3幅图，在1分钟内凝练出抽象的词汇，越多越好。

7. 请观察以下3幅图，在1分钟内凝练出抽象的词汇，越多越好。

8. 请观察以下 3 幅图，在 1 分钟内凝练出抽象的词汇，越多越好。

9. 请观察以下 3 幅图，在 1 分钟内凝练出抽象的词汇，越多越好。

10. 请观察以下 3 幅图，在 1 分钟内凝练出抽象的词汇，越多越好。

11. 请观察以下 3 幅图，在 1 分钟内凝练出抽象的词汇，越多越好。

12. 请观察以下 3 幅图,在 1 分钟内凝练出抽象的词汇,越多越好。

13. 请观察以下 3 幅图,在 1 分钟内凝练出抽象的词汇,越多越好。

14. 请观察以下3幅图，在1分钟内凝练出抽象的词汇，越多越好。

15. 请观察以下3幅图，在1分钟内凝练出抽象的词汇，越多越好。

16. 请观察以下3幅图，在1分钟内凝练出抽象的词汇，越多越好。

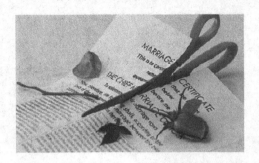
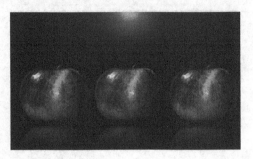

17. 请观察以下3幅图，在1分钟内凝练出抽象的词汇，越多越好。

18. 请观察以下3幅图，在1分钟内凝练出抽象的词汇，越多越好。

19. 请观察以下3幅图，在1分钟内凝练出抽象的词汇，越多越好。

20. 请观察以下3幅图，在1分钟内凝练出抽象的词汇，越多越好。

21. 请观察以下3幅图，在1分钟内凝练出抽象的词汇，越多越好。

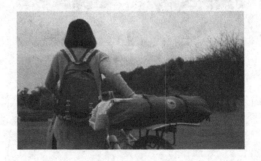

22. 请观察以下 3 幅图,在 1 分钟内凝练出抽象的词汇,越多越好。

23. 请观察以下 3 幅图,在 1 分钟内凝练出抽象的词汇,越多越好。

24. 请观察以下 3 幅图,在 1 分钟内凝练出抽象的词汇,越多越好。

25. 请观察以下 3 幅图,在 1 分钟内凝练出抽象的词汇,越多越好。

第七章

联想与组合思维训练法

第一节 联想思维

　　创造是一个在先前并不关联的思想之间建立新联结的过程。天下万物之间往往有着不被觉察的内在联系。这个观点体现在中国文化的很多方面。比如,《黄帝内经》是中国精粹的医学典籍,其典型的特征就是整体性思维。它不但把人看成是一个整体,还把天、地、人看成是一个整体,提出了保持健康的四大平衡,即动与静的平衡、阴与阳的平衡、酸与碱的平衡,以及最重要的理智与感情的平衡。中医把人的身体结构看作是自然界的一个组成部分,提出了"天人相应"的医疗原则,将五行与人体的五脏联系起来,讲究整体的辨证施治,而不是头痛医头,脚痛医脚,体现的是一种朴素的系统思想。

　　如何将桌子与椅子进行联结,这似乎并不能带来出人意料的创意,但是,莱特兄弟将飞鸟与人类的飞行进行了联结,最终发明了飞机。1976年,英国医生爱德华·詹纳观察到患过牛痘的挤奶女工不再患天花的事实后,将牛痘与牛奶进行联系,首创接种牛痘疫苗预防天花的方法,挽救了数亿人的生命,开辟出了一个新的领域——免疫学。

　　在18世纪以前,人们还不能正确地认识雷电到底是什么。当时人们普遍相信雷电是上帝发怒的说法。一些不信上帝的有识之士曾试图解释雷电的起因,但都未获成功,科学家富兰克林从事电学研究,他在家里做了大量实验,研究两种电荷的性能。在一次实验中,富兰克林的妻子不小心碰到了莱顿瓶,一团电火击中了她,她足足在家躺了一个星期才恢复健康。这次实验中的意外,让富兰克林想到了空中的雷电也是一种放电现象。他写了一篇名叫《论天空闪电和我们的电气相同》的论文,并送给了英国皇家学会。但富兰克林的伟大设想遭到许多人的嘲笑,有人甚至嗤笑他是想把上帝和雷电分家的狂人。富兰克林决心用事实来证明一切。他和儿子带着上面装有一根金属杆的风筝来到一个空旷地带,在雷电交加、大雨倾盆时,富兰克林用手靠近风筝上的铁丝,立即掠过一种恐怖的麻木感。他将风筝线上的电引入莱顿瓶中。回到家以后,富兰克林用雷电进行了各种电学实验,证明了天上的雷电与人工摩擦产生的电在性质上相同。风筝实验的成功使富兰克林在全世界科学界名声大振。英国皇家学会给他颁发了金质奖章,邀请他成为皇家学会的会员。另一个相似的科学发现是屠呦呦发明青蒿素,她将中医与对抗疟疾的新疗法建立联结,选定了青蒿及其提取的特殊方法。2015年,她因为发现了青蒿素,拯救了无数的生命,和另外两位科学家一起获得诺贝尔奖生理学或医学奖。她也成为首位获得该殊荣的中国人。

出其不意的联想会给经营者带来机会。有一家包装厂,用旧报纸包装瓶子和杯子,减少运输过程的损坏。可是员工经常在工作的时候看旧报纸,于是包装的效率严重下降。高管震怒,气愤之中提出了一个想法:扎瞎他们的双眼。可是这个方法根本无法操作。但是,这名主管却启动联想:有哪些人可以不用眼看东西?答案是:盲人或文盲。结果,他想出一个主意,这家公司真的招聘了一些盲人作为操作工,不仅提高了效率,还担负了企业的社会责任。

艾萨克·阿西莫夫(Isaac Asimov)是20世纪最伟大的科幻作家之一,同时也是一位生物化学教授,他认为:我们需要的不仅仅是在某些领域有着深厚功底的人,还需要他们把看似风马牛不相及的两样东西联系起来的能力。

总体来讲,联想有两种途径:星状联想与链状联想。星状联想指只关注于最初想法,开展的发散思考。例如,从面包开始,一个人可以做出如下的联系:面包——黑麦——小麦——农民——火炉——面粉——面包圈——盐,等等。链状联想是指从一点出发,在思考的过程中,不断推广开来的上下联结的方法,最后的想法始于原始想法,并逐渐形成一系列的联系。例如,使用"面包"一词作为开始点,我们可以创造出以下的链条:面包——谷物——胎儿——小孩——学校——铅笔——木头——紫杉树——弓——运动——奥林匹克比赛,等等。

通过链条做联想更加有利于开发创造力,因为它有助于从一个想法跨到另一个想法。反之,通过星状进行联想使我们一直处在同一个想法圈子中。对于两个不相关的词,越短的链条,越有助于独特的联结。例如,亚里士多德——小羊羔。例如,通过用下面的链条:亚里士多德——山脚——牧场——羊——小羊羔。然而,链条不需要这么长,我们可以去掉若干个元素(如羊、哲学),甚至创造出一个全新的、更短的链条:亚里士多德——学生——棉衣——羔羊。联想思维有利于开发创造力,尤其是将原本不相关的要素联结在一起的独特联想。

第二节 组合思维

在创意中，联想的发散思维还需要用组合思维加以收敛。组合思维的提升在第二章 SCAMPER 法中已经得到了强调。组合思维包括目的组合、材料组合、创意组合、天赋组合、活动组合等。

大部分创意产品都涉及组合，例如功能组合就是把不同物品的不同功能、不同用途组合到一件新的物品上，使之具有多种功能和用途。比如，按摩椅就是按摩功能和椅子功能的结合体，具有计算功能的闹钟也是一种新的组合。柠檬和红茶组合在一起，就开发出了柠檬茶。调酒师调制鸡尾酒采用的也是不同的成分组合。将照相机、手机、收音机等组合就是现在的苹果手机；如果将苹果手机和刮胡刀组合就是男士苹果手机；将医用透视机和手机组合就是家庭医疗器械手机；将胶片和未使用新胶卷的照相机组合得到新的相机；将智能手环 UP 和咕咚运动组合获得健康医生；在两支钢笔的笔杆上分别雕龙刻凤后，一起装入一个精制考究的笔盒里，称为"情侣笔"，可作为馈赠新婚朋友的好礼物；把三个风格相同、颜色不同的牙刷包装在一起销售，称为"全家乐"牙刷；将几个相同的衣服架组合在一起，就可构成一个多层挂衣架，以分别挂上衣和裤子，从而达到充分利用衣柜空间的目的。当我们给眼镜装上小电脑，它就成了 Google Glass；当我们给牙刷装上发动机，它就成了电动牙刷。谷歌公司把网络搜索和广告整合在一起，开创了一种有益的、利润可观的在线商务模式。花旗集团原总裁约翰·里德在看到手机后突发灵感，惊呼：这是银行！花旗银行于是率先推出了"电子钱包"的服务。阿迪达斯则另辟蹊径，在 Facebook 上制造有趣的卡通形象（史努比狗狗）作为主角，用户可以将卡通形象与朋友/景物照片一起制成个性化视频并与他人共享视频，或发送这种特别的 Facebook 消息给自己的朋友，这个体验如同当了一回电影明星。

商业创新需要将产品与需求组合在一起。比如，美国人安诺德·可罕（Arnold Cohen）为了方便他患病的父亲，1964 年研制出由脚踏板控制的高级坐浴设备，即集冲洗和烘干为一体的智能马桶盖并获得专利。然而，智能马桶盖的销售在美国遇到了很大的瓶颈，据《纽约时报》报道：在随后的 45 年里，他的公司只卖出了 20 万个马桶盖。很多美国人认为这个话题太粗俗，拒绝登出智能马桶盖的广告。在北美市场经受打击后，可罕把他的专利授权给了日本 TOTO 株式会社。日本有很浓厚的厕所文化。20 世纪 80 年代，TOTO 公司开始在市场上推出本国出产的智能马桶盖。机智的日本人还发明了自动加热、杀菌、换膜、检测人体健康状态等功能，将智能马桶盖做到了极致。通过各种功能组合，它发明出更多新的创意。TOTO 后来成为智能马桶界的巨头。

创新需要将不同领域的知识进行组合。DNA 结构是弗朗西斯·克里克（Francis Crick）、詹姆斯·沃森（James Watson）发现的。1953 年，克里克和沃森都是名不见经传的小人物，37 岁的克里克连博士学位还没有拿到。这两个人都没有在生物化学部门进行过深造，但是都在卡文迪许这间世界上很著名的物理实验室有过学习经历。这间实验室创立于 1874 年，麦克斯威尔、卢瑟福、玻尔等一批物理学大师都在这里工作过，这里先后造就了近三十位诺贝尔奖获得者。早在 20 世纪初，物理学家汤姆森领导这间实验室时，就形成了一个 Tea Break 习惯，每天上午和下午实验室的成员都有一个聚在一起喝茶的时间，有时是海阔天空的议论，有时是为某个具体实验设计的争论，不分长幼，不论地位，彼此可以毫无顾忌地展开辩论和批评。这种文化氛围确实有利于学术进步，已经被国外许多大学和研究机构效仿，就连国际学术会议的日程安排中，这个节目也是必不可少的。近十几年来，国内个别大学和科研单位的领导人也在试图推广这种做法。如果能够长期坚持下去，必有收获。在卡文迪许实验室里，沃森遇到了物理学家克里克，又得到机会向射线衍射专家们学习。而直接导致沃森集中精力从事 DNA 结构研究的契机，则是他得到美国主管部门资助去参加在那不勒斯召开的学术会议，在那里他看到了 X 射线衍射图片。受到前人的影响，他们原来按照 3 股螺旋的思路进行了很长时间的工作，可是构建不出合理模型，结果使工作陷于僵局。在发现正确的双股螺旋结构前两个月，他们看到蛋白质结构的权威鲍林的一篇即将发表的关于 DNA 结构为 3 股螺旋的论文。沃森在认真思考并向同事们请教后，决然地否定了权威的结论。正是在否定权威之后，他们加快了工作，在不到两个月内终于取得了后来震惊世界的成果。

第三节　理性与感性的组合

创新思维是理性与感性的组合。正如数学家怀特海在《思维方式》一书中指出，哲学家应当从诗人那里听取教训，应当诉诸朴素的经验。我们的经验虽然晦暗不明、支离破碎，然而它却发布着来自最深层的信息。了解事物的细节是为了在事物的系统中恢复它们的本来面目，事物的系统性包括逻辑理性和美的感性。我们感受到的比我们能够分析的要多得多，没有感性的共同世界，就没有思想的共同世界（怀特海，1989）。

理性与感性相结合的观点与左右脑共同开发的观点是一脉相承的，体现在科学发明上，包括科学家由于丰富的想象力所带来的发明。爱因斯坦在儿童时代就对数学和物理中能激发想象的内容十分好奇。同时，他还对米开朗基罗的作品颇有研究。这两方面的浓厚兴趣大大激发了他的想象力，想象成了他的一个游戏工具。他发明了一种现今非常有名的创造思维游戏，在这个游戏中，他先为自己提出一个引人入胜的问题，然后任凭想象力自由驰骋。在一个有名的创造思维游戏中，爱因斯坦想象他正在太阳表面抓住一束光束，直接从太阳出发，以光速向着宇宙的边缘飞去。到达旅程的尽头时，他惊奇地发现自己好像又回到了始发地。从逻辑上来讲这是不可能的，因为沿着直线走，无论如何不可能回到原来的起点。爱因斯坦又骑着另一束想象中的光束从太阳表面的另一个地方出发，沿着直线向宇宙的终端飞去。结果，他再一次回到了出发点附近。想象力告诉他如果沿着直线旅行到永远，然后又不断返回到起点附近，那么所谓永远至少包括两个方面的意义：以某种方式发生弯曲，并且存在一个边界。爱因斯坦就是这样提出了一项伟大的发现，即我们的宇宙是弯曲的，是有限的。这个伟大的创造性思想不仅仅是左脑思维的杰作，而且还是数字、语言、秩序、逻辑、分析等方面的知识与巨大的想象力、空间知觉、综观全局的能力融于一体的综合性产物。他的伟大发现是他左右脑之间完美对话与合作的结果，也是他全脑创造力的一种表现。

贝多芬具有狂放不羁、质疑一切和激情洋溢的精神，他还有强烈的摆脱专制与审查限制的渴望。贝多芬在想象力和节奏方面充满激情，在细节方面也同样激情四溢。但是，他也是严谨的、理性的，他是第一个使用音乐节拍器的人，因为有了节拍器，每一位音乐家和作曲家都能以精确的节奏、恰当的重音和精确的速度演奏音乐。贝多芬既不是单纯的右脑型天才，也不是单纯的左脑型天才，他是一个全脑型天才。

第四节 训 练

训练1：踩西瓜皮联想

请在1分钟内从以下词汇开始联想，尽可能做出跳跃性大的联想。
1. 面包
2. 梦
3. 房子
4. 枪
5. 牛
6. 风
7. 电
8. 寒冷
9. 水
10. 大陆

11. 矛
12. 着急
13. 战略
14. 辅助
15. 大学
16. 非法
17. 小朋友
18. 粉丝
19. 月底
20. 镁光灯
21. 腼腆
22. 游戏厅
23. 景泰蓝
24. 蝶
25. 大多数
26. 脆弱
27. 迭代
28. 悬崖峭壁
29. 删帖
30. 粗心
31. 钢厂
32. 月尾
33. 胸花
34. 做贼心虚
35. 解决
36. 窃案
37. 粗犷
38. 用尽心机
39. 助学金
40. 胸怀

训练2：短路联想

在1分钟内将以下两个词用尽可能少的词汇进行联结。

1. 孔子—细菌
2. 教练—舒服
3. 大臣—耗材
4. 有钱—助理
5. 体验—网络
6. 店家—易怒
7. 负载—豆芽
8. 三角洲—贤明
9. 鼓声—缺憾
10. 丰收—企鹅
11. 锁骨—月光曲
12. 机器—就餐
13. 负数—迎接
14. 同类—乐滋滋
15. 乐池—留学
16. 负担—留恋
17. 就业—微生物
18. 补漏—贸易
19. 炙热—锁好
20. 单打—大海
21. 留洋—球门
22. 顾问—刀疤
23. 谋求—印章
24. 鱼子酱—陆小凤
25. 尿酸—剪发
26. 大阪—克隆
27. 骰子—夕阳红
28. 饮用水—港剧
29. 贪污受贿—脱颖而出
30. 服饰—双赢

训练3：多路联想

在1分钟内用尽可能多的词语将以下词汇联结起来。

1. 太阳—泡沫
2. 姑丈—非洲
3. 浮雕—大洋洲
4. 削发—耗能
5. 油彩—大胆
6. 溪岸—大小姐
7. 奇光异彩—胸怀大志
8. 风风火火—月薪
9. 有酒—有法必依
10. 驾车—套路
11. 妄图—断水
12. 煽风点火—湖心
13. 渠道—渗透
14. 小册子—爹妈
15. 砂岩—胡须
16. 腿—满腹经纶
17. 胆小如鼠—剥脱
18. 恶魔—胆小怕事
19. 江山如画—散漫
20. 腌菜—油炸
21. 胆小怕事—耗尽
22. 孕期—用户群
23. 服帖—败絮其中
24. 怨怒—幻灯
25. 维也纳—驴肉
26. 预计—乡村
27. 春节—入党
28. 纷飞—脉搏
29. 解除—爱民如子
30. 小肚子—悬疑

训练4：功能联想

1. 请您在1分钟内，设计一款有以下功能的手机。
   - 功能：可用作救生
   - 功能：可用来行驶
2. 请您在1分钟内，设计一款有以下功能的牙膏。
   - 功能：应用于滑翔翼或太空站
   - 功能：冰冻
3. 请您在1分钟内，设计一款有以下功能的笔。
   - 功能：应用于沙漠中
   - 功能：发光
4. 请您在1分钟内，设计一款有以下功能的书。
   - 功能：应用于机场中
   - 功能：可在上面爬行
5. 请您在1分钟内，设计一款有以下功能的水杯。
   - 功能：可伸缩
   - 功能：应用于教学活动中
6. 请您在1分钟内，设计一款有以下功能的椅子。
   - 功能：有弹性的
   - 功能：单腿可站立
7. 请您在1分钟内，设计一款有以下功能的手表。
   - 功能：应用于电影院中
   - 功能：容易记住时间的
8. 请您在1分钟内，设计一款有以下功能的相机。
   - 功能：用作灯
   - 功能：可穿戴的
9. 请您在1分钟内，设计一款有以下功能的计算器。
   - 功能：预防近视
   - 功能：可穿戴
10. 请您在1分钟内，设计一款有以下功能的头盔。
    - 功能：用作低音鼓
    - 功能：扩音

11. 请您在1分钟内，设计一款有以下功能的帐篷。
    - 功能：静音
    - 功能：单腿站立可使用
12. 请您在1分钟内，设计一款有以下功能的螺丝刀。
    - 功能：可应用于录音棚
    - 功能：探险越野
13. 请您在1分钟内，设计一款有以下功能的台灯。
    - 功能：应用于丛林中
    - 功能：娱乐
14. 请您在1分钟内，设计一款有以下功能的耳机。
    - 功能：用作纽带
    - 功能：耐压
15. 请您在1分钟内，设计一款有以下功能的水杯。
    - 功能：可用作武器
    - 功能：可用作椅子
16. 请您在1分钟内，设计一款有以下功能的自行车。
    - 功能：搏斗
    - 功能：考试
17. 请您在1分钟内，设计一款有以下功能的窗帘。
    - 功能：听音乐
    - 功能：防雨
18. 请您在1分钟内，设计一款有以下功能的口红。
    - 功能：玩具
    - 功能：交友
19. 请您在1分钟内，设计一款有以下功能的三明治。
    - 功能：保温
    - 功能：减肥
20. 请您在1分钟内，设计一款有以下功能的火腿。
    - 功能：健身
    - 功能：盘子

21. 请您在1分钟内，设计一款有以下功能的椅套。
    - 功能：变色
    - 功能：可以吃
22. 请您在1分钟内，设计一款有以下功能的花瓶。
    - 功能：不用换水
    - 功能：有香味
23. 请您在1分钟内，设计一款有以下功能的剪刀。
    - 功能：剪头发
    - 功能：煎鱼
24. 请您在1分钟内，设计一款有以下功能的锅盖。
    - 功能：不用洗
    - 功能：防烧干
25. 请您在1分钟内，设计一款有以下功能的面包。
    - 功能：南极的食品
    - 功能：当衣服穿
26. 请您在1分钟内，设计一款有以下功能的热水器。
    - 功能：自动调温
    - 功能：可加牛奶
27. 请您在1分钟内，设计一款有以下功能的纸张。
    - 功能：可以保密
    - 功能：会伸缩
28. 请您在1分钟内，设计一款有以下功能的电源线。
    - 功能：永久使用
    - 功能：会跟着手机走
29. 请您在1分钟内，设计一款有以下功能的行李箱。
    - 功能：喊它一声会回答
    - 功能：当台灯
30. 请您在1分钟内，设计一款有以下功能的飞碟。
    - 功能：送情书
    - 功能：送快餐

训练 5：组画成故事

1. 请您在 1 分钟内用以下 3 幅图片包含的元素编一个简短离奇的故事。

2. 请您在 1 分钟内用以下 3 幅图片包含的元素编一个简短离奇的故事。

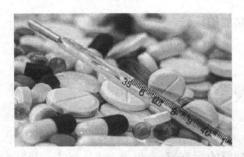

3. 请您在 1 分钟内用以下 3 幅图片包含的元素编一个简短离奇的故事。

4. 请您在 1 分钟内用以下 3 幅图片包含的元素编一个简短离奇的故事。

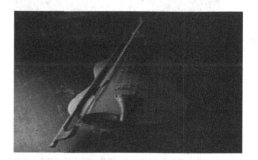

5. 请您在1分钟内用以下3幅图片包含的元素编一个简短离奇的故事。

6. 请您在1分钟内用以下4幅图片包含的元素编一个简短离奇的故事。

7. 请您在1分钟内用以下4幅图片包含的元素编一个简短离奇的故事。

8. 请您在1分钟内用以下4幅图片包含的元素编一个简短离奇的故事。

9. 请您在1分钟内用以下4幅图片包含的元素编一个简短离奇的故事。

10. 请您在1分钟内用以下4幅图片包含的元素编一个简短离奇的故事。

11. 请您在1分钟内用以下4幅图片包含的元素编一个简短离奇的故事。

12. 请您在1分钟内用以下4幅图片包含的元素编一个简短离奇的故事。

13. 请您在 1 分钟内用以下 4 幅图片包含的元素编一个简短离奇的故事。

14. 请您在 1 分钟内用以下 4 幅图片包含的元素编一个简短离奇的故事。

15. 请您在 1 分钟内用以下 4 幅图片包含的元素编一个简短离奇的故事。

16. 请您在 1 分钟内用以下 4 幅图片包含的元素编一个简短离奇的故事。

17. 请您在1分钟内用以下4幅图片包含的元素编一个简短离奇的故事。

18. 请您在1分钟内用以下4幅图片包含的元素编一个简短离奇的故事。

19. 请您在 1 分钟内用以下 4 幅图片包含的元素编一个简短离奇的故事。

20. 请您在 1 分钟内用 4 幅图片包含的元素编一个简短离奇的故事。

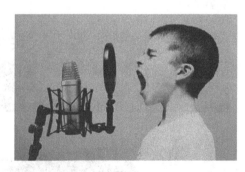

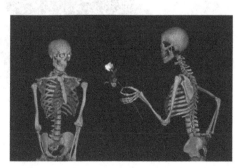

21. 请您在 1 分钟内用以下 4 幅图片包含的元素编一个简短离奇的故事。

22. 请您在 1 分钟内用以下 4 幅图片包含的元素编一个简短离奇的故事。

23. 请您在1分钟内用以下4幅图片包含的元素编一个简短离奇的故事。

24. 请您在1分钟内用以下4幅图片包含的元素编一个简短离奇的故事。

25. 请您在 1 分钟内用以下 4 幅图片包含的元素编一个简短离奇的故事。

训练 6：组词编故事

1. 请您发挥想象力，使用以下所有词汇在 1 分钟内编一个简短离奇的故事。
   - 蒸汽浴
   - 土豆
2. 请您发挥想象力，使用以下所有词汇在 1 分钟内编一个简短离奇的故事。
   - 手
   - 指令
   - 座椅
3. 请您发挥想象力，使用以下所有词汇在 1 分钟内编一个简短离奇的故事。
   - 探测器
   - 滑雪
   - 梨
4. 请您发挥想象力，使用以下所有词汇在 1 分钟内编一个简短离奇的故事。
   - 梯子
   - 垃圾箱
   - 拳击手套

5. 请您发挥想象力，使用以下所有词汇在1分钟内编一个简短离奇的故事。
   - 盘
   - 小型摩托车
   - 收音机
6. 请您发挥想象力，使用以下所有词汇在1分钟内编一个简短离奇的故事。
   - 电梯
   - 橡皮擦
   - 刷子
7. 请您发挥想象力，使用以下所有词汇在1分钟内编一个简短离奇的故事。
   - 电线
   - 木头
   - 考试
8. 请您发挥想象力，使用以下所有词汇在1分钟内编一个简短离奇的故事。
   - 积木
   - 打火机
   - 锹
9. 请您发挥想象力，使用以下所有词汇在1分钟内编一个简短离奇的故事。
   - 手枪
   - 调料
   - 花束
10. 请您发挥想象力，使用以下所有词汇在1分钟内编一个简短离奇的故事。
    - 沙发
    - 佳能相机
    - 盾
11. 请您发挥想象力，使用以下所有词汇在1分钟内编一个简短离奇的故事。
    - 画
    - 马
    - 银行
12. 请您发挥想象力，使用以下所有词汇在1分钟内编一个简短离奇的故事。
    - 蹦床
    - 警告
    - 软木瓶塞
13. 请您发挥想象力，使用以下所有词汇在1分钟内编一个简短离奇的故事。
    - 袜子

- 药片
- 交叉路口

14. 请您发挥想象力，使用以下所有词汇在1分钟内编一个简短离奇的故事。
    - 小点
    - 瓶
    - 三角形

15. 请您发挥想象力，使用以下所有词汇在1分钟内编一个简短离奇的故事。
    - 沙滩球
    - 商店
    - 巡洋舰

16. 请您发挥想象力，使用以下所有词汇在1分钟内编一个简短离奇的故事。
    - 飓风
    - 遮阳伞
    - 无线对讲机

17. 请您发挥想象力，使用以下所有词汇在1分钟内编一个简短离奇的故事。
    - 日光浴室
    - 钻机
    - 弓

18. 请您发挥想象力，使用以下所有词汇在1分钟内编一个简短离奇的故事。
    - 计划
    - 钥匙
    - 花生

19. 请您发挥想象力，使用以下所有词汇在1分钟内编一个简短离奇的故事。
    - 原料
    - 废品
    - 素描

20. 请您发挥想象力，使用以下所有词汇在1分钟内编一个简短离奇的故事。
    - 点心
    - 搅拌机
    - 魔术贴

21. 请您发挥想象力，使用以下所有词汇在1分钟内编一个简短离奇的故事。
    - 邮票
    - 打火机
    - 预算

22. 请您发挥想象力，使用以下所有词汇在 1 分钟内编一个简短离奇的故事。
    - 邮箱
    - 错误
    - 掌击

23. 请您发挥想象力，使用以下所有词汇在 1 分钟内编一个简短离奇的故事。
    - 钟摆
    - 清单
    - 村庄

24. 请您发挥想象力，使用以下所有词汇在 1 分钟内编一个简短离奇的故事。
    - 罐
    - 字典
    - 骨头

25. 请您发挥想象力，使用以下所有词汇在 1 分钟内编一个简短离奇的故事。
    - 树枝
    - 发言人
    - 操场

26. 请您发挥想象力，使用以下所有词汇在 1 分钟内编一个简短离奇的故事。
    - 网
    - DVD
    - 罚球

27. 请您发挥想象力，使用以下所有词汇在 1 分钟内编一个简短离奇的故事。
    - 船
    - 瓢虫
    - 高架桥

28. 请您发挥想象力，使用以下所有词汇在 1 分钟内编一个简短离奇的故事。
    - 天空
    - 水壶
    - 铁

29. 请您发挥想象力，使用以下所有词汇在 1 分钟内编一个简短离奇的故事。
    - 烟雾监测器
    - 胡椒粉
    - 水母

30. 请您发挥想象力，使用以下所有词汇在 1 分钟内编一个简短离奇的故事。
    - 玩具娃娃

- 书
- 小册子

31. 请您发挥想象力，使用以下所有词汇在1分钟内编一个简短离奇的故事。
    - 抛光机
    - 小提琴
    - 正方形

32. 请您发挥想象力，使用以下所有词汇在1分钟内编一个简短离奇的故事。
    - 词典
    - 引擎
    - 翅膀

训练7：编主题故事

1. 请您发挥想象力，在1分钟内用以下所有词汇就所给定的故事主题编一个简短离奇的故事。
   主题：我投下一枚炸弹
   - 伞
   - 磁铁
   - 轮渡
   - 蛋糕

2. 请您发挥想象力，在1分钟内用以下所有词汇就所给定的故事主题编一个简短离奇的故事。
   主题：假日
   - 斑马
   - 皮带
   - 标志
   - 教练

3. 请您发挥想象力，在1分钟内用以下所有词汇就所给定的故事主题编一个简短离奇的故事。
   主题：收获
   - 窗帘
   - 蜜蜂
   - 电视
   - 滑冰

4. 请您发挥想象力，在 1 分钟内用以下所有词汇就所给定的故事主题编一个简短离奇的故事。

   主题：考验
   - 脚掌
   - 飞机
   - 幼儿园
   - 水球

5. 请您发挥想象力，在 1 分钟内用以下所有词汇就所给定的故事主题编一个简短离奇的故事。

   主题：请假
   - 饮料
   - 碗
   - 篱笆
   - 眼睛

6. 请您发挥想象力，在 1 分钟内用以下所有词汇就所给定的故事主题编一个简短离奇的故事。

   主题：旅程
   - 商务名片
   - 停车场
   - 贴纸
   - 监狱

7. 请您发挥想象力，在 1 分钟内用以下所有词汇就所给定的故事主题编一个简短离奇的故事。

   主题：VR
   - 香皂
   - 门
   - 小册子
   - 病毒

8. 请您发挥想象力，在 1 分钟内用以下所有词汇就所给定的故事主题编一个简短离奇的故事。

   主题：停车
   - 香水
   - 运动衫
   - 鞋子
   - 降落伞

9. 请您发挥想象力，在 1 分钟内用以下所有词汇就所给定的故事主题编一个简短离奇的故事。

   主题：热爱
   - 盘子
   - 房子
   - 皇冠
   - 电池

10. 请您发挥想象力，在 1 分钟内用以下所有词汇就所给定的故事主题编一个简短离奇的故事。

    主题：音乐会
    - 鞋子
    - 降落伞
    - 井
    - 海绵

11. 请您发挥想象力，在 1 分钟内用以下所有词汇就所给定的故事主题编一个简短离奇的故事。

    主题：陌生人
    - 蛋
    - 面包
    - 指针
    - 街灯

12. 请您发挥想象力，在 1 分钟内用以下所有词汇就所给定的故事主题编一个简短离奇的故事。

    主题：拖延
    - 方向盘
    - 画家
    - 锁
    - 世界地图

13. 请您发挥想象力，在 1 分钟内用以下所有词汇就所给定的故事主题编一个简短离奇的故事。

    主题：焦虑
    - 苏打
    - 菠萝
    - 界限
    - 仓库

14. 请您发挥想象力，在 1 分钟内用以下所有词汇就所给定的故事主题编一个简短离奇的故事。
    主题：艺术展
    · 袋鼠
    · 抽屉
    · 镜子
    · 汉堡

15. 请您发挥想象力，在 1 分钟内用以下所有词汇就所给定的故事主题编一个简短离奇的故事。
    主题：幸运
    · 橡皮筋
    · 餐刀
    · 轮胎
    · 灯罩

16. 请您发挥想象力，在 1 分钟内用以下所有词汇就所给定的故事主题编一个简短离奇的故事。
    主题：婚纱摄影
    · 赞助商
    · 杆
    · 游行示威
    · 花瓶

17. 请您发挥想象力，在 1 分钟内用以下所有词汇就所给定的故事主题编一个简短离奇的故事。
    主题：尝试
    · 传记
    · 姐妹
    · 长杆烟斗
    · 信息

18. 请您发挥想象力，在 1 分钟内用以下所有词汇就所给定的故事主题编一个简短离奇的故事。
    主题：回家
    · 插座
    · 潜水镜
    · 书架
    · 火山

19. 请您发挥想象力，在 1 分钟内用以下所有词汇就所给定的故事主题编一个简短离奇的故事。

    主题：愤怒
    · 果汁
    · 钢笔
    · 冰
    · 黄瓜

20. 请您发挥想象力，在 1 分钟内用以下所有词汇就所给定的故事主题编一个简短离奇的故事。

    主题：选择
    · 熊
    · 卡车
    · 铁锹
    · 鹦鹉

21. 请您发挥想象力，在 1 分钟内用以下所有词汇就所给定的故事主题编一个简短离奇的故事。

    主题：节奏
    · 陷阱
    · 船
    · 调色板
    · 烧烤

22. 请您发挥想象力，在 1 分钟内用以下所有词汇就所给定的故事主题编一个简短离奇的故事。

    主题：电视剧
    · 马蹄铁
    · 犯罪现场
    · 番茄酱
    · 钻子

23. 请您发挥想象力，在 1 分钟内用以下所有词汇就所给定的故事主题编一个简短离奇的故事。

    主题：坚持
    · 太阳能电池
    · 棒球投手
    · 弓
    · 军舰

24. 请您发挥想象力，在 1 分钟内用以下所有词汇就所给定的故事主题编一个简短离奇的故事。

    主题：习惯
    - 太空站
    - 植物
    - 报亭
    - 储水箱

25. 请您发挥想象力，在 1 分钟内用以下所有词汇就所给定的故事主题编一个简短离奇的故事。

    主题：实验
    - 雨滴
    - 盒子
    - 盘子
    - 蹦床

26. 请您发挥想象力，在 1 分钟内用以下所有词汇就所给定的故事主题编一个简短离奇的故事。

    主题：地震
    - 太空船
    - 门
    - 盒子
    - 睡莲

27. 请您发挥想象力，在 1 分钟内用以下所有词汇就所给定的故事主题编一个简短离奇的故事。

    主题：深夜
    - 风扇
    - 皱纹
    - 股票
    - 天平

28. 请您发挥想象力，在 1 分钟内用以下所有词汇就所给定的故事主题编一个简短离奇的故事。

    主题：核泄漏
    - 按钮
    - 项目
    - 吊杠
    - 木头

29. 请您发挥想象力，在1分钟内用以下所有词汇就所给定的故事主题编一个简短离奇的故事。

   主题：车祸现场
   - T恤
   - 裤子
   - 医院
   - 十字架

30. 请您发挥想象力，在1分钟内用以下所有词汇就所给定的故事主题编一个简短离奇的故事。

   主题：通缉令
   - 钩
   - 细绳
   - 垃圾
   - 鞋带

31. 请您发挥想象力，在1分钟内用以下所有词汇就所给定的故事主题编一个简短离奇的故事。

   主题：表白
   - 搁置
   - 画家
   - 乐队
   - 拖拉机

32. 请您发挥想象力，在1分钟内用以下所有词汇就所给定的故事主题编一个简短离奇的故事。

   主题：意料之外
   - 回形针
   - 人质
   - 十字路口
   - 大象

33. 请您发挥想象力，在1分钟内用以下所有词汇就所给定的故事主题编一个简短离奇的故事。

   主题：创业
   - 刺绣
   - 早餐
   - 鞭子
   - 汤勺

34. 请您发挥想象力，在 1 分钟内用以下所有词汇就所给定的故事主题编一个简短离奇的故事。

    主题：进球
    - 警犬
    - 草坪
    - 杂货铺
    - 别墅

35. 请您发挥想象力，在 1 分钟内用以下所有词汇就所给定的故事主题编一个简短离奇的故事。

    主题：梦游
    - 摩天大楼
    - 铅笔
    - 岛
    - 骰子

36. 请您发挥想象力，在 1 分钟内用以下所有词汇就所给定的故事主题编一个简短离奇的故事。

    主题：穿越
    - 紧急制动器
    - 砖头
    - 魔杖
    - 年鉴

37. 请您发挥想象力，在 1 分钟内用以下所有词汇就所给定的故事主题编一个简短离奇的故事。

    主题：机会
    - 信件
    - 窗
    - 喷漆罐
    - 警察局

38. 请您发挥想象力，在 1 分钟内用以下所有词汇就所给定的故事主题编一个简短离奇的故事。

    主题：好奇心
    - 栅栏
    - 咖啡馆
    - 模型
    - 魔法粉末

39. 请您发挥想象力,在 1 分钟内用以下所有词汇就所给定的故事主题编一个简短离奇的故事。

    主题:婚礼
    - 木琴
    - 牛
    - 地窖
    - 室内游泳池

40. 请您发挥想象力,在 1 分钟内用以下所有词汇就所给定的故事主题编一个简短离奇的故事。

    主题:教训
    - 瓶
    - 客舱
    - 图片
    - 邮局

41. 请您发挥想象力,在 1 分钟内用以下所有词汇就所给定的故事主题编一个简短离奇的故事。

    主题:选举
    - 截止日期
    - 双筒望远镜
    - 灯
    - 老鹰

42. 请您发挥想象力,在 1 分钟内用以下所有词汇就所给定的故事主题编一个简短离奇的故事。

    主题:冷静
    - 吸尘器
    - 地窖
    - 刹车
    - 室内游泳池

43. 请您发挥想象力,在 1 分钟内用以下所有词汇就所给定的故事主题编一个简短离奇的故事。

    主题:不撞南墙不回头
    - 商标
    - 重量
    - 酒精
    - 诗

44. 请您发挥想象力，在 1 分钟内用以下所有词汇就所给定的故事主题编一个简短离奇的故事。
    主题：摄影
    · 自动售货机
    · 皮肤
    · 文凭
    · 篝火

45. 请您发挥想象力，在 1 分钟内用以下所有词汇就所给定的故事主题编一个简短离奇的故事。
    主题：急诊室
    · 对讲机
    · 发展中国家
    · 木板
    · 珍珠

46. 请您发挥想象力，在 1 分钟内用以下所有词汇就所给定的故事主题编一个简短离奇的故事。
    主题：赢得
    · 搁板
    · 屋顶
    · 牛仔裤
    · 醋

训练 8：寻找共同词汇

1. 绪，操，热
2. 参，思，验
3. 答，该，当
4. 唤，喊，吸
5. 别，恒，久
6. 景，况，侣
7. 愉，畅，乐
8. 痕，疤，心
9. 胁，信，望
10. 列，挤，泄

11. 质，位，德
12. 滩，运，藻
13. 暖，蔼，平
14. 闹，烈，导
15. 爱，尽，绪
16. 虔，实，挚
17. 控，度，编
18. 费，朵，荷
19. 鄙，近，野
20. 顿，当，及
21. 顺，事，盲
22. 力，定，头
23. 由，满，然
24. 才，力，耐
25. 大，形，声
26. 凡，事，法
27. 过，去，丧
28. 经，渡，路
29. 常，诗，书
30. 章，诗，字
31. 硬，族，罗
32. 朗，坚，汉
33. 口，账，主
34. 手，封，画
35. 手，握，执
36. 纸，力，紧
37. 足，美，充
38. 知，需，证
39. 在，事，真
40. 照，明，开

训练 9：编曲

阅读以下短诗，哼出 1 分钟的短曲。
1. 《早发白帝城》　　（李白）
   朝辞白帝彩云间，千里江陵一日还。
   两岸猿声啼不住，轻舟已过万重山。
2. 《江南春》　（杜牧）
   千里莺啼绿映红，水村山郭酒旗风。
   南朝四百八十寺，多少楼台烟雨中。
3. 《静夜思》　（李白）
   床前明月光，疑是地上霜。
   举头望明月，低头思故乡。
4. 《望庐山瀑布》　　（李白）
   日照香炉生紫烟，遥看瀑布挂前川。
   飞流直下三千尺，疑是银河落九天
5. 《行宫》　（柳宗元）
   千山鸟飞绝，万径人踪灭。
   孤舟蓑笠翁，独钓寒江雪。
6. 《鹿柴》　（王维）
   空山不见人，但闻人语响。
   返景入深林，复照青苔上。
7. 《清明》　（杜牧）
   清明时节雨纷纷，路上行人欲断魂。
   借问酒家何处有，牧童遥指杏花村。
8. 《寻隐者不遇》　　（贾岛）
   松下问童子，言师采药去。
   只在此山中，云深不知处。
9. 《登乐游原》　　（李商隐）
   向晚意不适，驱车登古原。
   夕阳无限好，只是近黄昏。
10. 《雾》　　（桑德堡创作，赵毅衡译）
    雾来了

踮着猫的细步。
他弓起腰蹲着，
静静地俯视
海港和城市，
又再往前走。

11. 《飞鸟集1》　　（泰戈尔）
夏天的飞鸟，飞到我窗前唱歌，又飞去了。
秋天的黄叶，它们没有什么可唱，只叹息一声，飞落在那里。

12. 《飞鸟集2》　　（泰戈尔）
"我们，萧萧的树叶，都有声响回答那暴风雨，但你是谁呢，那样地沉默着？"
"我不过是一朵花。"

13. 《飞鸟集3》　　（泰戈尔）
山峰如群儿之喧嚷，举起他们的双臂，想去捉天上的星星。

14. 《飞鸟集3》　　（泰戈尔）
夜对太阳说道："在月亮中，你送了你的情书给我。"
"我已在绿草上留下我的流着泪点的回答了。"

15. 《海燕》　　（高尔基）
在苍茫的大海上，狂风卷集着乌云。在乌云和大海之间，海燕象黑色的闪电，在高傲地飞翔。

16. 《雨巷》　　（戴望舒）
撑着油纸伞，独自
彷徨在悠长，悠长
又寂寥的雨巷，
我希望逢着
一个丁香一样的
结着愁怨的姑娘。

17. 《天净沙秋思》　　（马致远）
枯藤老树昏鸦，
小桥流水人家，
古道西风瘦马。
夕阳西下，
断肠人在天涯。

18. 《迷娘曲》　　（歌德）
    你知道吗，那柠檬花开的地方，
    茂密的绿叶中，橙子金黄，
    蓝天上送来宜人的和风，
    桃金娘静立，月桂梢头高展，
    你可知道那地方？
19. 《沁园春·雪》　　（毛泽东）
    北国风光，千里冰封，万里雪飘。
    望长城内外，惟余莽莽；
    大河上下，顿失滔滔。
    山舞银蛇，原驰蜡象，欲与天公试比高。
20. 《饮酒》　　（陶渊明）
    结庐在人境，而无车马喧。
    问君何能尔？心远地自偏。
    采菊东篱下，悠然见南山。
    山气日夕佳，飞鸟相与还。
    此中有真意，欲辨已忘言。

训练10：表演

根据以下情境，进行1分钟动作表演。

1. 小丽抿着嘴，弓着腰，蹑手蹑脚地，一步一步慢慢地靠近它。靠近了，靠近了，又见她悄悄地将右手伸向蝴蝶，张开的两根手指一合，夹住了蝴蝶的翅膀。小丽高兴得又蹦又跳。
2. 小姨将双袖向上一挽，裤脚也被卷到了大腿。她在小溪水里慢慢移动着，左脚轻轻地抬起一点，向前迈了一小步，右脚再慢慢拖向前，好像穿着千斤重的鞋。
3. 他弯着腰，篮球在他的手下前后左右不停地拍着，两眼溜溜地转动，寻找"突围"的机会。突然他加快了步伐，一会儿左拐，一会儿右拐，冲过了两道防线，来到篮下，一个虎跳，转身投篮。
4. 只见一名男同学走上台来，不声不响地摊开一卷白纸，提起饱蘸浓墨的毛笔，略微沉思一下，龙飞凤舞地画起来。
5. 十字路边有一位老妇人，略微有些驼背，胖胖的身躯，费力地打着伞在空旷的路上艰难地行走。狂风夹着大雨扑面而来，她使劲向前弓着身子，抓紧伞，进一步，退半步，跟跟跄跄地向前走着。

6. 她拿起筷子，向一盘色泽鲜艳的菜伸去，轻轻夹起一片，用左手在筷子下方端着，小心翼翼跟随着筷子。

7. 玄德到溪边，见不可渡，勒马再回，遥望城西尘土大起，追兵将至。玄德曰："今番死矣！"遂回马到溪边。

8. 贾母这边说声请，刘姥姥便站起身来，高声说道："老刘、老刘，食量大如牛：吃头老母猪，不抬头！"说完，却鼓着腮帮子，两眼直视，一声不语。

9. 那大圣双手捂着眼，正自搓揉流涕，只听得炉头声响。猛睁眼看见光明，他就忍不住，将身一纵，跳出丹炉，呼啦的一声，蹬倒八卦炉，往外就走。

10. 蔺相如退后几步，双手捧着璧，靠着柱子站定。

11. 她把帽子扭了扭正，弓着背，低着头，眯着眼，双手做出捧东西的样子。这时，她停下脚步，不再东张西望，对着右边的一个地方目不转睛，猛然把手向水中一扎，将一条小鱼捧在手中了。

12. 婴儿在音乐声中陶醉地瞪大了眼睛，兴奋地挥舞双手，摇着他的大脑袋，嘴里发出唔唔的声音。

13. 一群傣族少女姗姗走来，肩上扛着小纺车，手里提着小灯笼，紧身拖曳的筒裙在随风摇摆。她们的身材是那样苗条，步履是那样轻盈，仪态大方，好像一群美丽的仙子从天而降。

14. 小小还不会说话，我们给他买了一串气球挂在屋里，气球不停地飘动，他就冲着气球"啊啊"地叫，还不时蹬动着两条粗粗的小腿。过了一会儿，只听"啪"的一声，气球爆了。小小吓了一跳。

15. 近了，更近了，组长终于来到他的身边，像一座泰山定在他面前，嚷道："快交作业，快交作业！"

16. 爸爸伸手把伞打在我头上，搂着我向雨中走去。

17. 我撅起小嘴，翘起眉毛，眼睛瞪得圆圆的，鼻子张得大大的。好一个现代版的"猪八戒"！

18. 爷爷更逗，仰着头，把瓜举得老高，像吹口琴似的拼命吸着，生怕掉了一滴瓜汤。

19. 我和几个小伙伴轻轻地拨开野草，掀起断砖，像寻觅珍宝似的捕捉着蟋蟀。

20. 他从椅子上猛地站了起来，欣喜若狂地去找手机。

第八章

类比思维训练法

第一节 类比思维

  类比也称为隐喻,是指寻找不同对象之间的共同点,具有启发式功能,在许多创新中都可以找到类比思维的踪迹。比如,天然牛黄是非常珍贵的药材,只能从屠宰场碰巧获得。牛黄是由于某种异物进入了牛的胆囊后,在它的周围凝聚起许多胆囊分泌物而形成的一种胆结石。这样偶然得来的东西不可能很多,因此很难得到,也无法满足制药的需求。一家医药公司的员工们为了解决牛黄供应不足的问题,集思广益,终于联想到了"人工育珠",既然河蚌经过人工将异物放入它的体内能培育出珍珠,那么,通过人工把异物放进牛的胆囊内也同样能培育出牛黄来。他们设法找来了一些伤残的菜牛,把一些异物埋在牛的胆囊里,一年后,果然从牛的胆囊里取出了和天然牛黄完全相同的人工牛黄。医药公司员工运用联想思维的对比联想创新思维,在了解到牛黄生成的机理后,对比人工育珠的过程,联想到通过人工将异物放入牛胆内培育牛黄,从而制成了人工牛黄。

  现代战争中的响尾蛇导弹,它的发明"原型"就是在北美洲沙漠上生活着的一种剧毒响尾蛇。这种蛇的两只眼睛已经退化,但在两眼的前方有一对凹下去的小窗,这对小窗有着极强的特殊探热功能,可以感知百分之一度的温差,正是这对探热器,代替着蛇的眼睛执行着视觉功能。科学家得到启示,发明了空对空的响尾蛇式导弹。蜘蛛耳朵结构的特点,引导人发明了音响探测器;蜘蛛脚板结构的特征,使人创造出了潜水用的潜水钟;蜘蛛可以吐丝,又启发人制造出了人造纤维的喷丝头。鲁班上山去砍树,爬山时,用手紧拉着山上的丝茅草,没料想一下子就把手指割破了。他发现每根茅草叶的两侧都有许多小细齿,这些小细齿非常锋利。鲁班从中受到了启示:打制一条有齿的铁片用于锯树。两百多年前，医生们在诊断心肺疾病时，必须通过用双手摇动病人的身体，再将耳朵贴在病人胸口倾听的方法。这种方法对诊断某些疾病曾起过一定的作用，但如果病人果真是心脏病，这样一折腾，病情就会加重，甚至有生命危险。法国有一位名叫拉埃内克的医生到公园里散步，看到一群孩子在做跷跷板的游戏，只见一个孩子把耳朵贴在板上倾听，"听见了！""听见了！"孩子们高兴地喊叫着。拉埃内克走上前去，学着孩子们的姿势，跪下一条腿，把耳朵贴在木板上。果然一阵清脆的敲打声传入他的耳中。他受到启发：我是否可以把这个道理用到诊病中呢？他经过多次实验，制成了一根细长木管，木管两端各有一个喇叭形的听筒，将一端贴在病人的胸部，另一端贴在医生的耳朵上，这就是当时的"胸部检查器"，也是世界上第一个听诊器。

德巴赫是法国著名的生理学家，他曾致力于研究动物机体同感染做抗争的机制问题，但一直没有成果，这令他伤透了脑筋。一次，他仔细观察海盘车的透明幼虫，并把几根蔷薇刺向一堆幼虫扔去。结果那些幼虫马上把蔷薇刺包围起来，并一个个地加以"吞食"。这个意外的发现使德巴赫联想到自己在挑扎进手指中的刺尖时的情景：刺尖断留在肌肉里一时取不出来，而过了几天，刺尖却奇迹般地在肌肉里消失了。这种刺尖突然消失的现象，一直是他心中无法解释的一个谜。他领悟到，这是由于当刺扎进了手指时，白细胞就会把它包围起来，然后把它吞噬掉。这样就产生了"细胞的吞噬作用"这一重要理论，它指明在高等动物和人体的内部都存在细胞吞噬现象，当机体发生炎症时，在这种现象的作用下，机体得到了保护。

类比思维随处可见，老子的治理大家如烹小鲜也是一例，其含义是，领导者治理一个组织，也必须像煎小鱼那样谨慎从事，绝不可不到时机就胡搅乱作把事情搞糟。就如在烧小鱼时，要按照火候来照料，绝不可以还不到时候就乱翻乱搅，把小鱼都搅糊了。

第二节 两类类比

第一，精确的类比。精确的类比并不需要任何评论、有说服力的解释或者任何其他形式的问题回答为什么某物像某物。一个精确的类比能够促进对于难度较大的复杂现象或者问题的理解，因为从某种方式上，它通过和一个简单易懂的客体进行联系从而简化了被比较的主体。它可以用来做比较的部分比被比较的部分更简单、更熟悉、更生动，或者用来比较的部分可以让人立刻理解对照物所指向的关系。一个精确的类比自身是很容易被理解的。比如，精神疗法就像从某人的指头中取出一个碎片一样。再如，"自助食堂"的类比物。因为学生们或者工人们在课堂或者工作前的休息时间来自助食堂吃三明治、喝饮料、喝咖啡或者交换新闻、休息，等等，所以我们找到了一个合适的比较物："自助食堂就像潜艇基地一样"。自助食堂的内部结构可能用另一种方式被定义，比如来来回回移动（例如，从教室到食堂，再从食堂返回去）。这样的话，我们就得到了类比："自助食堂就和电车车站一样"。

第二，宽泛的类比。宽泛的类比把我们带到了一个遥远的领域，围绕一个主要问题思考对貌似无关领域的知识新应用，用于类比的部分可以是复杂的、多侧面的，具有多面性，需要对其本质进行分析考虑。由于在被比较的主体和客体之间没有明显的联系，此类类比本身并不是很明显的，需要解释和评论。类比的两部分来自不同领域，两者的相互联系不太直接。比如，煤气罐面临爆炸的威胁，就像文化面临崩塌的威胁一样。

既精确又宽泛的类比，具有高启发性，有助于创新。

第三节　训　　练

训练1：类比

请阅读下面两列词汇，将存在类比关系的词汇用线连起来，越多越好。

1.
    做饭　　　　　　　　　　白酒
    考试　　　　　　　　　　激光
    面谈　　　　　　　　　　跳摇滚
    做研究　　　　　　　　　研究哲学
    打电游戏　　　　　　　　金手指

2.
    电磁炉　　　　　　　　　电灯
    拓展知识领域　　　　　　闪电
    交朋友　　　　　　　　　回扣
    走亲戚　　　　　　　　　盯梢
    谈合同　　　　　　　　　发晕

3.
    指挥　　　　　　　　　　破获敌阵
    团队合作　　　　　　　　戴面具
    学游泳　　　　　　　　　睁开大眼睛
    节约用水　　　　　　　　找契机
    闻花香　　　　　　　　　用耗材

4.
 扑克   白酒
 语言   激光
 尾巴   摇滚
 烟火   哲学
 磁带   金手指

5.
 儿童   拥挤的公交车
 科学家   乡村旅店
 企业   毕加索的画
 学校   道德方面的书
 导演   军事理论

6.
 公寓   埃及木乃伊
 城市   牛仔
 一会儿   巧克力工厂
 电视   旧报纸
 天使   腐乳

7.
 电影   口语
 战争   老头
 游戏   刀剑
 辣椒   图纸
 旅游   雨伞

8.
 纱网   网红
 轮船   山水画
 温度计   隐士
 火山   游记
 海绵   面条

9.
 胆小鬼   火车
 彩票   以色列
 饮用水   乡村
 蒸汽   保安
 医学院   狮子

10.
 留言簿   早饭
 企鹅   大少爷
 节目单   猫耳洞
 砍刀   苞米
 蟹   古希腊

11.
 吸管   怨妇
 怒火   腊肠
 灰尘   砂锅
 亲戚   狗腿子
 硝烟   娃娃脸

12.
 耗子   杀手
 沙发   胡子
 律师   邮件
 音乐   子女
 餐厅   红酒

13.
 非洲   粮食
 大象   山炮
 脸相   憨豆
 大锅饭   同性恋
 领带   凤凰

14.
> 发烧友　　　　　　　　　叛徒
> 珍珠　　　　　　　　　　王子
> 尾巴　　　　　　　　　　函数
> 股市　　　　　　　　　　狼
> 春天　　　　　　　　　　显卡

15.
> 百灵鸟　　　　　　　　　顾客
> 聚光灯　　　　　　　　　晒太阳
> 节日　　　　　　　　　　友情
> 孙女　　　　　　　　　　雄伟
> 银杏　　　　　　　　　　日光浴

16.
> 植物　　　　　　　　　　日光灯
> 海域　　　　　　　　　　数据
> 百姓　　　　　　　　　　脆瓜
> 非典　　　　　　　　　　彩铃
> 彩色　　　　　　　　　　腰包

17.
> 岩浆　　　　　　　　　　海妖
> 海绵　　　　　　　　　　存储
> 紫禁城　　　　　　　　　大法官
> 浮土　　　　　　　　　　慢步
> 成绩　　　　　　　　　　跳槽

18.
> 踢球　　　　　　　　　　吃饭
> 看焰火　　　　　　　　　找东西

19.
> 伸懒腰　　　　　　　　　找亲家
> 挤地铁　　　　　　　　　吵架

20.
> 减肥　　　　　　　　　　下载
> 洗菜　　　　　　　　　　写影评

21.
 销售   洗碗
 决策   纺织
22.
 商品打折   人员管理
 订购房子   古文阅读
23.
 发布宣言   制定企业战略
 控制电流   团队合作
24.
 定价   打蚊子
 削减成本   溜达
25.
 组织会议   消灭敌人
 裁员   放下包袱
26.
 宣传企业文化   炒冷饭
 产品创新   回娘家
27.
 娶媳妇   存活期
 包饺子   过大年
28.
 飞翔   吆喝
 产卵   休息
29.
 开车   讨论
 观察   吃晚饭
30.
 盖房子   住一宿
 发呆   淋雨
31.
 踢球   打靶归来
 侦察   丢下包袱

32.
　　下决心　　　　　　　　　　卧倒在地
　　边走边谈　　　　　　　　　进驻营地
33.
　　回忆　　　　　　　　　　　打拳
　　竞选　　　　　　　　　　　提着灯笼
34.
　　做白日梦　　　　　　　　　讲解
　　打扫　　　　　　　　　　　朗诵
35.
　　观察　　　　　　　　　　　跳舞
　　上课　　　　　　　　　　　开会
36.
　　射击　　　　　　　　　　　吼叫
　　起飞　　　　　　　　　　　跳高
37.
　　吸烟　　　　　　　　　　　演讲
　　维修　　　　　　　　　　　产品开发
38.
　　走路　　　　　　　　　　　微笑
　　敲击　　　　　　　　　　　采购
39.
　　枯萎　　　　　　　　　　　冥想
　　踢球　　　　　　　　　　　制定战略
40.
　　洗牙　　　　　　　　　　　开车
　　买钢笔　　　　　　　　　　控制成本
41.
　　弯腰　　　　　　　　　　　听音乐
　　建设雇主品牌　　　　　　　结婚
42.
　　表白　　　　　　　　　　　长跑
　　业务扩张　　　　　　　　　戳后背

43.
　　打字　　　　　　　　　　招聘
　　等电梯　　　　　　　　　举哑铃
44.
　　晾衣服　　　　　　　　　抚摸
　　发芽　　　　　　　　　　跨部门沟通

训练 2：物品体验

1. 请用 1 分钟时间描述，如果您是一张面额为一百元的人民币，会有什么样的遭遇？
2. 请用 1 分钟时间描述，如果您是一台旧电脑，会有什么样的遭遇？
3. 请用 1 分钟时间描述，如果您是森林里的大树，会有什么样的遭遇？
4. 请用 1 分钟时间描述，如果您是一辆旧自行车，会有什么样的遭遇？
5. 请用 1 分钟时间描述，如果您是苹果的一款产品，会有什么样的遭遇？
6. 请用 1 分钟时间描述，如果您是一个空水瓶，会有什么样的遭遇？
7. 请用 1 分钟时间描述，如果您是一台蒸汽机，会有什么样的遭遇？
8. 请用 1 分钟时间描述，如果您是一台黑白电视机，会有什么样的遭遇？
9. 请用 1 分钟时间描述，如果您是飞机上的引擎，在飞机起飞和降落过程中会有什么样的遭遇？
10. 请用 1 分钟时间描述，如果您是汽车上的排气管，会有什么样的遭遇？
11. 请用 1 分钟时间描述，如果您是一个行李箱，会有什么样的遭遇？
12. 请用 1 分钟时间描述，如果您是一个滑翔翼，会有什么样的遭遇？
13. 请用 1 分钟时间描述，如果您是一台体重仪，会有什么样的遭遇？
14. 请用 1 分钟时间描述，如果您是一辆从北京开往四川的高铁，会有什么样的遭遇？
15. 请用 1 分钟时间描述，如果您是一台跑步机，会有什么样的遭遇？
16. 请用 1 分钟时间描述，如果您是公寓门口的电子锁，会有什么样的遭遇？
17. 请用 1 分钟时间描述，如果您是一盏声控灯，会有什么样的遭遇？
18. 请用 1 分钟时间描述，如果您是一个无线路由器，会有什么样的遭遇？
19. 请用 1 分钟时间描述，如果您是一台测谎仪，会有什么样的遭遇？
20. 请用 1 分钟时间描述，如果您是一块钢板，从原材料到加工成为汽车的某一部分的过程中会有什么样的遭遇？

训练3：两人表演

请找一个朋友，两人对练，用肢体动作来表演以下物品。

1. 请扮演一张桌子。
2. 请扮演一把椅子。
3. 请扮演一间房子。
4. 请扮演一只枕头。
5. 请扮演一张床。
6. 请扮演一盏台灯。
7. 请扮演一张梳妆台。
8. 请扮演一个洗手间。
9. 请扮演一个巨大的洗手池。
10. 请扮演一个小花洒。

训练4：隐喻

例：生活太（　　　），就如骑在老虎背上。
回答：生活太（没安全感），就如骑在老虎背上。

1. 生活就像（　　　），要想保持平衡就要不断运动。
2. 教师太（　　　），就如同勤劳的蜜蜂每天出来采蜜。
3. 有些花朵花期很（　　　），就如流星划过。
4. 七八岁的孩子很（　　　），如同太阳刚刚升起。
5. 理想很（　　　），洗涤人们的自私心。
6. 父爱很（　　　），如同汪洋大海中的灯塔为船只指引方向。
7. 阅读让人（　　　），就像种子破土而出。
8. 旅行让人（　　　），就像吸入雨过天晴后的清新空气。
9. 心情太（　　　），就如同热锅上的蚂蚁。
10. 大学生找好工作很（　　　），就如同去月球。
11. 工作太（　　　），就如吃沙拉一样。
12. 结婚太（　　　），就如被困电梯一样。
13. 办公室太（　　　），就如打游戏一样。

14. 报告太（   ），就如练口语一样。
15. 周末太（   ），就如做白日梦一样。
16. 旅行太（   ），就如停车一样。
17. 迷路太（   ），就如供暖一样。
18. 深夜太（   ），就如看音乐会一样。
19. 聚会太（   ），就如吐槽一样。
20. 学校太（   ），就如喝红酒一样。

训练5：换位思考

1. 请您在1分钟内，为以下人群设计新款的手机。
   使用者：九十岁老人
2. 请您在1分钟内，为以下人群设计新款的笔。
   使用者：海盗
3. 请您在1分钟内，为以下人群设计新款的书。
   使用者：侏儒
4. 请您在1分钟内，为以下人群设计新款的水杯。
   使用者：宇航员
5. 请您在1分钟内，为以下人群设计新款的椅子。
   使用者：脑外科医生
6. 请您在1分钟内，为以下人群设计新款的帐篷。
   使用者：厨师
7. 请您在1分钟内，为以下人群设计新款的台灯。
   使用者：狙击手
8. 请您在1分钟内，为以下人群设计新款的蹦床。
   使用者：近视人群
9. 请您在1分钟内，为以下人群设计新款的螺丝刀。
   使用者：教师
10. 请您在1分钟内，为以下人群设计新款的香烟。
    使用者：游客

训练6：化身为动物

1. 请用1分钟时间描述，如果你是一头大象，你会如何教育子女？
2. 请用1分钟时间描述，如果你是一只蜜蜂，你会如何生产蜂蜜？
3. 请用1分钟时间描述，如果你是一只鸳鸯，你会如何进行爱情表白？
4. 请用1分钟时间描述，如果你是一只蚂蚁，你会如何享受美食？
5. 请用1分钟时间描述，如果你是一条流浪狗，你会如何让自己登上头条？
6. 请用1分钟时间描述，如果你是一只孔雀，你会如何自拍？
7. 请用1分钟时间描述，如果你是一只从楼上掉下来的猫咪，你会如何保命？
8. 请用1分钟时间描述，如果你是一条马哈鱼，你会如何找到回家的路？
9. 请用1分钟时间描述，如果你是一只猎豹，你会如何进行短跑训练？
10. 请用1分钟时间描述，如果你是一只大雁，你会如何进行团队合作？

训练7：原型启示法[①]

例：
情境： 某公司中秋节福利一直是向员工发放月饼，近几年发现，员工对这项福利开始视而不见。今年中秋节，人力资源经理面对已经准备好的月饼开始发愁。
问题： 针对该种情况，怎样在不浪费月饼的情况下，使员工从公司中秋节的福利中感受到关怀。
原型： 今年小李在女友生日当天送给女友的母亲一份礼物，不仅女友母亲很开心，女友得知后感觉比自己收到礼物更开心。
答案： 将月饼寄给员工父母，并附上一封感谢信。

1. **情境：** A部门每月的绩效考核中，对有特殊贡献的员工有一些奖励，该部门负责人考虑到金钱数额少可能导致激励效果不好，就在年底时统一购买一些生活用品作为奖励，但发现这些生活用品并不能满足不同员工的需求，对部分员工缺乏激励作用。
   问题： 怎样既能满足员工多样化的需求，又能起到激励作用。

[①] 题目出处：魏青青. 经营管理情境中创造性问题解决的原型启发效应及材料编制[D]. 重庆：西南大学，2012.
陈雪. 员工管理情境中创造性问题解决的原型启发效应[D]. 重庆：西南大学，2015.

原型：网络游戏中，玩家要用游戏赚取的金币来换取自己需要的道具，从而对玩家具有很强的吸引力。
2. 情境：某通信公司客户服务A班组传达班务通知的消息都是以文字的形式在班组沟通群里通知，经常被员工忽略，从而出现沟通不畅的问题。
   问题：采取怎样的方法使员工对通知信息更敏感，不忽视信息。
   原型：易及付在发布招聘广告时，用诙谐地道的重庆话作为广告语，使人耳目一新，吸引了一大批求职者。
3. 情境：某客户服务中心由于用户压力导致情绪起伏大，临近位置的同事情绪也会受到影响，导致班组的离职率增高，针对这种情况，班组长需要对员工的情绪进行及时辅导，但班组长面临的关键问题是不能及时了解员工的情绪状态。
   问题：怎样识别并及时掌握员工每天的情绪状态？
   原型：QQ聊天时，人们经常用表情符号代替当下的情绪或想要表达的话语。
4. 情景：生产电信产品的F公司因业务发展的需要，借鉴松下高薪酬创高绩效的做法，重新制定了薪酬制度，大幅度提高员工的工资。高薪的效果立竿见影，F公司吸引了大批有才华、有能力的人，员工满意度和工作积极性也大大提高。但不到两个月，大家又慢慢回复到懒洋洋、慢吞吞的低效率状态。
   问题：如何改善薪酬制度，让薪酬激励效果能够长久保持？
   原型：一头牛掉入了很深的陷阱中，主人想到用填土的方法来救它。若是一次填进去很多土，牛就容易被埋在土里憋死。于是主人每次填进去一点儿土，堆起来刚好到牛小腿，牛就踩到加高的土堆上，如此几次，随着土堆加高，坑被慢慢填满，牛也就踩着土出了陷阱。
5. 情境：某公司班长小王了解到班组内"80后""90后"员工对内容繁杂的工作绩效考核结果不太能理解和接受，对于自己的工作成绩、薪酬计算、晋升以及在同事中所处的水平也没有一个直观而深刻的认识。
   问题：如何让"80后""90后"员工更加直观地了解和接受自己的HR考评结果呢？
   原型：很多网络游戏中，每个人物都有一个人物面板，显示不同的属性和资质，也有血量、灵气量和等级等人物数据，以及完成升级所需的经验值和金钱等。
6. 情境：A公司是广东一家著名民营电子企业，为了满足公司发展对人才的需求，人力资源部每年招聘近百名应届毕业生，并不定期面向社会招聘人才。但是用人部门还是感到招聘来的不是最合适的人才，外部人才招聘与需求脱节。
   问题：采取怎样的方法能使用人部门选拔到合适的人才，实现人才的最佳配置。
   原型：学校图书馆的图书管理系统记录着每一本书的书名、目录、作者等基本信息，学生可以通过系统搜索快速找到所需要的书。

7. 情境：某通信公司网优中心、综合部经理发现，部门内员工有很多小的技术创新点子，由于这些创新想法还不适用于现在的工作，很多创新想法被忽视而未真正落地应用，只有当创新的想法被采纳并应用到实践工作中，员工才能保持创新的热情。

   问题：怎样使员工的创新想法被公司内其他员工了解并得到应用。

   原型：宝洁公司建立了网上信息平台，在这里员工可以分享自己的想法，其他人可以分享资源。

8. 情境："钻石小鸟"是国内第一家尝试在互联网上卖钻石产品并成功卖出了第一颗钻石的品牌企业。但是钻石属于奢侈品，很多顾客需要精挑细选，并且相信眼见为实，才能体验到钻石的璀璨和魅力。因此，当网站经营到一定时间后销售额不会出现新的增长。

   问题：如何获得更多客户的信任，吸引更多客户从而提高销售额。

   原型：如今房地产公司都是采用先付款购房再建房的形式，为了让客户更放心地选房、购房，房地产商一般会打造各种户型的样板间，供顾客进行实际体验后再购房。

9. 情境：英国一家航空公司员工服务态度普遍傲慢，因此，时常有客户进行投诉。公司目前处理投诉的流程非常混乱，主要采用纸笔记录等传统的方式。当客户要求见经理等高管时，往往也因为对方繁忙而无暇理会，这导致了投诉无法及时得到处理和重视，客户满意度持续下降。

   问题：用什么办法让高层能够及时接受并重视客户的投诉呢？

   原型：人们可以通过网络来视频聊天、召开视频会议，重要的视频资料也可以保存下来。

10. 情境：新希望集团主要为社会提供不可或缺的农业产业链上下游产品。集团在发展过程中，遇到了养殖户减少、农牧产品资源不足的问题。长期以来，农村金融机构缺乏、贷款难始终困扰着养殖户。

    问题：作为新希望的决策者，怎么帮助解决养殖户的资金和贷款问题？

    原型：二手房买卖时，会经常碰到买主没有足够的钱需要向银行贷款，但是没有房子能够抵押；卖主急需卖房，有房子却不能抵押。于是他们以二手房中介作为第三方担保，让卖主未付款先拿到房子，然后从银行贷到款后由中介机构交给卖主。

11. 情境：养鸡户老谢用音乐减肥法饲养的瘦肉鸡，由于油少且肉质鲜美在温州市场上广受欢迎，老谢也大赚了一笔。但瘦肉鸡也给老谢带来了一个新麻烦,那就是这类鸡下的蛋变小了,鸡蛋看起来像鸽子蛋,消费者怀疑鸡蛋有问题便不肯买,鸡蛋又不能长久保鲜,结果卖鸡蛋成了问题。

问题:用什么办法将这些鸡蛋推销出去呢?

原型:由于每个人肤质不同,所以女性在选择化妆品和护肤品时都比较谨慎。化妆品公司在推出新产品时,往往会有只送不卖的小量包装的试用装,消费者试用后若满意则会购买正品。

12. 情境:台湾地区的航空公司发现一个问题:台湾每年飞往世界各地的人在快速增加,旅客们在台湾境外的机场转机或乘机,不得不在语言不同的国际机场重新换位、托运行李并需要多次重新办理登机手续,带来了许多不便。

问题:航空公司用什么办法来解决旅客的这种麻烦,并通过便利措施吸引更多旅客出行时选择本公司呢?

原型:银联的VISA卡与全世界主要银行联盟,实现业务和数据联通,使VISA卡用户在世界各地都可以实现刷卡、ATM机上存取款和转账业务。

13. 情境:85度C咖啡烘焙坊是来自台湾的咖啡店,从2003年第一家店开始,85度C迅速扩张,在台湾就有340多家店,上海地区更是一年内开了100多家直营店。开店速度如此之快,还要面对来自星巴克的巨大竞争压力。

问题:如何才能迅速并且正确地选择开店地址,以保证将来有不错的经营业绩呢?

原型:麦当劳和肯德基,开店的地方多是对面或是相邻。这是因为某一类的快速消费品所适合开店地址的选择条件是相似的。麦当劳对选址的要求很严格,所以紧跟麦当劳开店的肯德基所处的地段也会给自己带来大量顾客。

14. 情境:英国文化协会致力于促进英国与其他国家在文化教育领域的交流与发展,外事工作需要创造力和热情,所以员工之间的交流是非常必要的。最近其广州公司搬迁,办公面积和资金都大大缩水,因此,没有足够的地方和钱来配备工作所必需的小讨论室、视频会议室、大会议室和小宴会厅。

问题:在资金不足的情况下,如何把空间利用好,以满足不同会议室形式的要求?

原型:有一种可以随意改变储物格大小的物品收纳盒。这种塑料收纳盒配备了很多个塑料插片小隔板,可以进行随意的拆装,也就可以根据所储存物品的大小来将收纳盒分成不同大小的储物格。

15. 情境:联合利华有意开拓印度巨大的农村洗衣粉市场。以往公司采用的是将袋装洗衣粉通过各种经销商进行层层营销的方式,但是印度农村经济落后,交通不便,没有很多超市、零售店等经销商网点,农民出行购物也不方便。这成为联合利华开发农村市场的难题。

问题：采用什么样的营销方式能够让印度农民方便地买到洗衣粉、打开农村市场呢？

原型：台湾的小区里没有垃圾桶，主管部门会在固定的时间派出专车开到居民门口来收垃圾。垃圾车上放有音乐提醒居民，居民听到音乐后等在自家门口，将垃圾放到垃圾车带走。

16. 情境："雷柏"品牌刚刚创设时，国内还没有企业生产无线鼠标，因为无线鼠标不仅仅技术要求和成本要求比有线鼠标高，更因为鼠标本身在电脑配件中价格偏低，还不容易损耗、更换速度慢，功能也相差不多，生产无线鼠标投入的成本似乎不能以销售数量来弥补。

    问题：如何使不起眼且不易损耗的无线鼠标获得巨大销量？

    原型：手机不易损耗，但是更换频率块，这是因为手机外形多变、与时尚和潮流挂钩，能满足不同人群的需要，使手机从功能性产品变成快速消费品。

17. 情境：日本最大的化妆品公司接到客户抱怨：买来的肥皂盒里面是空的。为了预防生产线再次发生这样的事情，工程师发明了一台 X 光监视器去透视每一个出货的皂盒。同样的问题发生在另一家小公司，然而小公司没有钱也没有人能够购买和研制这样的监视仪。

    问题：用什么简便易行的办法来帮小公司解决这个问题呢？

    原型：稻谷收上来后农民要进行扬谷。在有风的日子谷子高高地扬到空中，好的谷子颗粒饱满，比较重，会落到地上，不好的谷子会被风吹到一边。

18. 情境：维特酒店因为经济低迷而裁员，只留下能够保证酒店正常运转的核心员工。酒店分工十分细致，每一项工作和服务都要有专人。因此，当有突发额外需求时，相应岗位的员工就会因为人员不足而工作量激增，容易过度疲劳。

    问题：如何在不多招人手的情况下解决这种突发需求时劳动力不足的问题？

    原型：一台大型的晚会直播总是需要很多舞蹈演员，但是多数情况下演员人数有限，因此，基本上每一个演员会担任多个节目的伴舞，也会排练不同的舞蹈。

19. 情境：2006 年，在北京有大小近百家租车企业，而这些租车企业的规模跟目前大家熟悉的大型租车企业相差甚远。它们没有能力和资金做广告推广，鲜为人知。因此，车辆空置率很高。另一方面，大型租车公司在繁忙季节常常会让顾客一车难求。

    问题：如何利用租车行业闲置资源并盈利？

原型：携程站在产业链的上游，扮演着航空公司和酒店的"渠道商"角色，它整合了多方面的信息，建立旅游需求方和酒店、旅行者以及航空等供给方的数据库。因此，携程一只手掌控全国千万会员，另一只手向酒店和航空公司获取更低的折扣，自己则从中获取佣金。

参考答案：
1. 采用积分制，不同的积分对应多样化的礼品供员工选择。
2. 在发布信息时可以用搞笑诙谐的话语吸引员工注意。
3. 将员工工作现场绘制成图，让员工每天填写表情符号来描述当下的情绪，对表情符号消极的员工进行单独沟通辅导。
4. "分步激励法"，即不要一次性给予很高的薪酬，而是制定合理明确的加薪制度，分步骤、有计划地一步一步将薪酬提高，这样可以不断地给予员工薪酬方面的激励，长久保持高绩效。
5. 班组内管理引用网络游戏的管理运作模式，例如，根据员工新近公司的职位设定起始经验值，完成日常工作有"岗位经验值"，未完成工作则会扣经验值，经验值是对薪酬、职位等个人价值的具体量化。这个类似于游戏人物面板的管理系统会出现在每位员工的桌面上。
6. A公司导入资源共享型招聘模式，即基于开放的人才数据库平台，各用人部门通过访问人才数据库，可以共享人力资源部提供的人才信息，从而增加用人部门在招聘过程中的主动性，增强不同部门间的交流与互动，最终实现人才的最佳配置。
7. 在全公司内建立一个创新网络平台，员工可以分享创新想法。
8. 采用"鼠标+水泥"模式，开设小规模的体验中心。
9. 在机场准备一个摄像头（录像装置），专门用来记录客户的投诉，客户可以直接对着摄像头投诉，最后的投诉记录将被直接送到高管处。
10. 新希望进入金融业，成立农村担保公司，与银行合作向养殖户发放贷款。
11. 老谢每天把新鲜的鸡蛋免费送给来买鸡的消费者，一个月后，鸡蛋受到市场的欢迎。
12. 台湾地区和世界主要地区航空公司联盟（加入联盟），实现业务联通，避免重复。
13. 85度C紧邻星巴克开店，因为星巴克开店的地方是经过慎重考察的，存在大量的咖啡消费者。
14. 将整体空间进行了分割，文教处的一个整体会议室可以通过拉动隔音屏风而组合出需要的面积，不设固定座椅，可以灵活地满足各种会议面积要求。
15. 联合利华转而采取货车下乡的直销模式，把洗衣粉送到农民家，直接将洗衣粉灌装给每位消费者。

16. 雷柏将无线鼠标与快时尚挂钩，设计多种独具创意的鼠标外形，卖的是时尚而不是鼠标本身。
17. 买一台强力工业电风扇去吹肥皂盒，被吹走的便是没放肥皂的空盒。
18. 对员工进行交叉培训，那么在某一些业务需求激增时，可以从别的部门调人手过去。
19. 易到用车将线下商务机会和互联网交易结合起来，建立了互联网交易平台。易到将租车资源进行整合管理，一方面，消费者通过网络、电话平台在易到用车订车、付款；另一方面，易到用车将客户订单发给其管理的空置车辆。

第九章

原理迁移思维训练法

第一节 原理迁移

　　迁移是学习过程中的一种现象，是指一种学习对另一种学习的影响，或已经获得的知识经验对完成其他活动的影响。学习理论中的建构主义认为，学习迁移就是认知结构在新条件下的重新建构，旨在使学习者形成对知识的深刻理解。迁移不仅发生在知识和技能的学习中，还体现在态度与行为规范的形成中。比如，学习了数学的基础知识，有助于对物理学和化学中的一些数量关系和方程式的理解，这些都属于在认知方面发生的迁移。学会拉二胡的人，学拉小提琴就比较容易；棒球选手打高尔夫球也容易打出高水平。态度与行为规范方面的迁移在日常生活中也是普遍存在的。如在家爱好劳动的学生，在学校里也比较勤快；在学习中养成爱整洁的习惯，有助于在生活中形成爱整洁的习惯。一名不喜欢某位老师的学生，在多次得到该老师无微不至的关心和帮助之后，态度会发生改变，不仅对该老师产生好感，还会喜欢上这位老师所教授的学科等都属于态度与行为规范方面的迁移现象。本章的训练重心在于将不同领域的工作原理进行横向贯通，促进我们对多领域原理的灵活应用。

　　交叉出创新的现象，已经引发公众的关注。早在文艺复兴时期的意大利，美第奇银行家族就曾经资助过在各学科领域中创新的人，使得多学科、多领域的交叉思维创造出惊人的成就。美第奇家族对艺术的赞助可谓不遗余力，他们在银行、艺术、哲学、政治等领域纵横捭阖，左右逢源，为整个家族赢得了不朽声名。后来，人们将各个领域和学科的交叉点上出现的创新发明或发现称为"美第奇效应"。如果说过去几个世纪，人类科技的巨大进步来自于对学科不断细分的深入研究，那么在未来，只依靠单一学科的知识已经无法有效地解决人们遇到的难题。当前的许多复杂问题，必须由科学家、工程师、艺术家、人类学家共同合作加以解决，多学科一起解决问题的思维方式和工作方法，将是未来人们解题的黄金钥匙。

在 MIT 媒体实验室，理工科背景的专家和设计师、艺术家们在同一个办公空间内工作，以此培养对设计和艺术的鉴赏力。很多研究人员的优异成绩，很大程度上就取决于在充斥着艺术和美感的环境中获得的精神释放和想象力解放。英特尔为了开发迅驰处理器，将人类学家、社会学家、计算机科学家、材料专家、工艺专家组织到相同的团队中。在世界知名设计公司 IDEO 的核心团队里，你可以看到毕业于哈佛的 MBA、医学院博士、语言学家、工业设计师和心理学家等，这样的团队组合保证 IDEO 这家小型工业设计公司可以将不同领域的原理迁移到手上的设计工作中，由此成为世界上最具创新精神的公司之一。

同理，个体也可以通过灵活地借鉴其他领域的相关原理，提升自己的创新思维。

第二节 训　　练

训练 1：原理大迁移

1. 惯性定理：一个不受任何外力的物体将保持静止或匀速直线运动。
   请您在 3 分钟内利用惯性定理设计一款新型的椅子。
2. 光合作用：叶绿体在阳光的作用下，把经由气孔进入叶子内部的二氧化碳和由根部吸收的水转化为淀粉等能源物质，同时释放氧气。
   请您在 3 分钟内利用您所理解的光合作用原理为花盆开发一个新颖的设计。
3. 晕轮效应：当认知者对一个人的某种特征形成好或坏的印象后，他还倾向于据此推论该人其他方面的特征。
   请您在 3 分钟内利用您所理解的晕轮效应设计一款新产品推广方案。
4. 长尾理论：只要存储和流通的渠道足够大，需求不旺或销量不佳的产品共同占据的市场份额就可以和那些数量不多的热卖品所占据的市场份额相匹敌甚至更大。
   请您在 3 分钟内利用长尾理论提出大学生就业难的解决方案。
5. 链式反应：核物理中，核反应产物之一又引起同类核反应继续发生并逐代延续进行下去的过程。
   请您在 3 分钟内利用核裂变中的链式反应提出停车场车位不足的解决方案。
6. 破窗理论：以一幢有少许破窗的建筑为例，如果那些破窗不被修理好，可能将会有损坏者损坏更多的窗户。环境中的不良现象如果被放任存在，会诱使人们效仿，甚至变本加厉。

请您在 3 分钟内利用破窗理论提出食品安全事故频发的解决方案。

7. 共生效应：自然界有这样一种现象：当一株植物单独生长时，显得矮小、单调，而与众多同类植物一起生长时，则根深叶茂，生机盎然。

请您在 3 分钟内利用共生效应提出科研团队的培养方案。

8. 吸引力法则：吸引具有类似思想的人，同时又被对方吸引的过程，这是一个相互吸引的过程，而不仅仅是一种思想对另一种思想的影响。

请您在 3 分钟内利用吸引力法则提出提高网购用户体验的解决方案。

9. 马太效应：是指好的越好、坏的越坏、多的越多、少的越少的一种现象，即两极分化现象。

请您在 3 分钟内利用马太效应提出跨部门团队的薪酬激励方案。

10. 滚雪球效应：一旦获得了起始的优势，雪球就会越滚越大，优势会越来越明显。

请您在 3 分钟内利用滚雪球效应提出初创企业的市场拓展策略。

11. 边际效应：有时也称为边际贡献，是指消费者在每增加一个单位消费品的时候，其产生的效用呈递减趋势。

请您在 3 分钟内运用您所理解的边际效应提出提高春晚收视率的解决方案。

12. 路径依赖类似于物理学中的"惯性"，一旦进入某一路径（无论是"好"的还是"坏"的）就可能对这种路径产生依赖。某一路径的既定方向会在以后发展中得到自我强化。

请您在 3 分钟内运用您所理解的路径依赖理论提出上下班高峰期塞车的解决方案。

13. 黑洞效应：就是一种自我强化效应，当一个企业达到一定的规模之后，也会像一个黑洞一样产生非常强的吞噬和自我复制能力，把它势力所及的大量资源吸引过去，而这些资源使得企业更加强大，形成一个正向加速循环的旋涡。

请您在 3 分钟内运用您所理解的黑洞效应提出新能源汽车的推广方案。

14. 刻板效应：又称刻板印象、社会定型、定性效应，是指对某人或某一类人产生的一种比较固定的、类化的看法。是还没有进行实质性的交往，就对某一类人产生了一种不易改变的、笼统而简单的评价。

请您在 3 分钟内运用您所理解的刻板效应提出网约车安全隐患的解决方案。

15. 冰山理论：是指一个人的"自我"就像一座冰山一样，我们能看到的只是表面很少的一部分——行为，而更大一部分的内在世界却藏在更深层次，不为人所见，恰如冰山。包括行为、应对方式、感受、观点、期待、渴望、自我七个层次。

请您在 3 分钟内运用您所理解的冰山理论提出互联网虚假宣传的解决方案。

16. "权变"是指"随具体情境而变"或"依具体情况而定",即在管理实践中要根据组织所处的环境和内部条件的发展变化随机应变。

    请您在 3 分钟内运用您所理解的权变理论提出城市停车场车位不足的解决方案。

17. 彼得原理:是管理心理学的一种心理学效应,指在一个等级制度中,每位职工趋向于上升到他所不能胜任的地位。

    请您在 3 分钟内运用您所理解的彼得原理提出房价持续高涨的解决方案。

18. 机会成本是指在面临多方案择一决策时,被舍弃的选项中的最高价值者是本次决策的机会成本。

    请您在 3 分钟内运用您所理解的机会成本理论提出北京雾霾问题的解决方案。

19. 蝴蝶效应:是指事物发展的结果,对初始条件具有极为敏感的依赖性,初始条件的极小偏差都将可能会引起结果的极大差异。

    请您在 3 分钟内运用您所理解的蝴蝶效应提出黄金周游客扎堆出行的解决方案。

20. 二八原则:检验两组类似数据之间的关系,并用来改变它们所描述的关系。一个主要用途是去发现该关系的关键起因——20%的投入就有 80%的产出,并在取得最佳业绩的同时减少资源损耗。

    请您在 3 分钟内运用您所理解的二八原则提出教育培训热及中产阶级育儿焦虑的解决方案。

21. 帕金森定律:是指企业在发展过程中往往会因业务的扩展或其他原因而出现的一种现象,这一效应使得企业的机构迅速膨胀、资源浪费、员工积极性下降。

    请您在 3 分钟内运用您所理解的帕金森定律就如何提高时间管理能力提出建议。

22. 锚定效应:是指当人们需要对某个事件做定量估测时,会将某些特定数值作为起始值,起始值像锚一样制约着估测值。在做决策的时候,会不自觉地给予最初获得的信息过多的重视。

    请您在 3 分钟内运用您所理解的锚定效应提出新饮料的定价方案。

23. 三英尺法则:是指如果某人和另一人的距离在三英尺之内,而且对方看上去与他有共同的兴趣,他就会主动上前交谈。

    请您在 3 分钟内运用您所理解的三英尺法则设计一款新型的社交软件。

24. 杠杆原理:是指如果利用杠杆,只要把这个力放在杠杆的长臂上,而让短臂对重物起作用,就能用一个最小的力把无论多么重的东西举起来。

    请您在 3 分钟内运用您所理解的杠杆原理设计一款新型的床。

25. 牛顿第三定律:力的作用是相互的。

    请您在 3 分钟内运用您所理解的牛顿第三定律设计一款新型的汽车。

26. 能量守恒定律：即热力学第一定律，是指在一个封闭（孤立）系统内的总能量保持不变。其中，总能量一般说来已不再只是动能与势能之和，而是静止能量（固有能量）、动能、势能三者的总量。

    请您在 3 分钟内运用您所理解的能量守恒定律设计一款新型的手机。

27. 鲇鱼效应：是指鲇鱼在搅动小鱼生存环境的同时，也激活了小鱼的求生能力。

    请您在 3 分钟内运用您所理解的鲇鱼效应为互联网公司的行政助理设计岗位职责。

28. 投射效应：是指将自己的特点归因到其他人身上的倾向。

    请您在 3 分钟内运用您所理解的投射效应设计一个新型的海淘购物网站。

训练 2：物品原理互通

1. 请您在 1 分钟内运用图中物品的工作原理或特性，设计一款新型的笔。

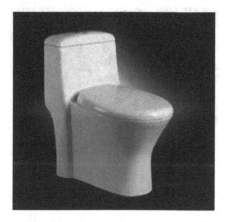

2. 请您在 1 分钟内运用图中物品的工作原理或特性，设计一款新型的相机。

3. 请您在 1 分钟内运用图中物品的工作原理或特性，设计一款新型的 U 盘。

4. 请您在 1 分钟内运用图中物品的工作原理或特性，设计一款新型的跑步机。

5. 请您在 1 分钟内运用图中物品的工作原理或特性，设计一款新型的书架。

6. 请您在1分钟内运用图中物品的工作原理或特性，设计一款新型的鼠标。

7. 请您在1分钟内运用图中物品的工作原理或特性，设计一款新型的水壶。

8. 请您在1分钟内运用图中物品的工作原理或特性，设计一款新型的手表。

9. 请您在1分钟内运用图中物品的工作原理或特性，设计一款新型的台灯。

10. 请您在1分钟内运用图中物品的工作原理或特性，设计一款新型的球鞋。

11. 请您在1分钟内运用图中物品的工作原理或特性，设计一款新型的音响。

12. 请您在1分钟内运用图中物品的工作原理或特性，设计一款新型的插座。

13. 请您在1分钟内运用图中物品的工作原理或特性，设计一款新型的投影仪。

14. 请您在1分钟内运用图中物品的工作原理或特性，设计一款新型的扩音器。

15. 请您在1分钟内运用图中物品的工作原理或特性，设计一款新型的轮胎。

16. 请您在1分钟内运用图中物品的工作原理或特性，设计一款新型的门锁。

17. 请您在1分钟内运用图中物品的工作原理或特性，设计一款新型的键盘。

18. 请您在1分钟内运用图中物品的工作原理或特性,设计一款新型的便利贴。

19. 请您在1分钟内运用图中物品的工作原理或特性,设计一款新型的电子秤。

20. 请您在1分钟内运用图中物品的工作原理或特性,设计一款新型的窗户。

21. 请您在1分钟内运用图中物品的工作原理或特性，设计一款新型的围巾。

22. 请您在1分钟内运用图中物品的工作原理或特性，设计一款新型的收纳箱。

23. 请您在1分钟内运用图中物品的工作原理或特性，设计一款新型的镜子。

第九章 原理迁移思维训练法

24. 请您在 1 分钟内运用图中物品的工作原理或特性，设计一款新型的窗帘。

25. 请您在 1 分钟内运用图中物品的工作原理或特性，设计一款新型的电梯。

26. 请您在 1 分钟内运用图中物品的工作原理或特性，设计一款新型的炸弹。

27. 请您在1分钟内运用图中物品的工作原理或特性，设计一款新型的提款机。

28. 请您在1分钟内运用图中物品的工作原理或特性，设计一款新型的自行车。

29. 请您在1分钟内运用图中物品的工作原理或特性，设计一款新型的汽车。

30. 请您在1分钟内运用图中物品的工作原理或特性，设计一款新型的火车。

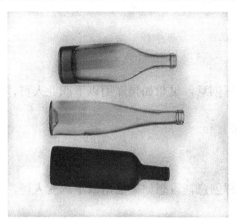

训练3：职业大转换

1. 请在3分钟内发挥创意，设想如果雇用以下职业人群，他们会如何设计电脑。
   - 宠物店店主
   - 乐器制造者
   - 验光师
   - 文身师
2. 请在3分钟内发挥创意，设想如果雇用以下职业人群，他们会如何设计背包。
   - 汽车制造商
   - 街头艺人
   - 保安
   - 杂技演员（走钢丝）
3. 请在3分钟内发挥创意，设想如果雇用以下职业人群，他们会如何设计桌子。
   - 登山运动员
   - 地理学家
   - 录音技师
   - 滑雪运动员
4. 请在3分钟内发挥创意，设想如果雇用以下职业人群，他们会如何设计围巾。
   - 化学家
   - 制片人
   - 厨师
   - 公关部负责人

5. 请在 3 分钟内发挥创意,设想如果雇用以下职业人群,他们会如何设计充电器。
   - 图书馆员
   - 监狱长
   - 卡车修理工
   - 摇滚乐手

6. 请在 3 分钟内发挥创意,设想如果雇用以下职业人群,他们会如何设计衣帽架。
   - 针灸师
   - 飞机修理技师
   - 警察
   - 牧师

7. 请在 3 分钟内发挥创意,设想如果雇用以下职业人群,他们会如何设计直升机。
   - 考古学家
   - 财务主管
   - 心理学家
   - 文物修复员

8. 请在 3 分钟内发挥创意,设想如果雇用以下职业人群,他们会如何设计门。
   - 魔术师
   - 矿工
   - 按摩技师
   - 演员

9. 请在 3 分钟内发挥创意,设想如果雇用以下职业人群,他们会如何设计新款的投影仪。
   - 房地产经纪人
   - IT 技术支持
   - 钢琴家
   - 牙医

10. 请在 3 分钟内发挥创意,设想如果雇用以下职业人群,他们会如何设计新款的吉他。
    - 猎人
    - 室内设计师
    - 歌剧演员
    - 销售员

11. 请在 3 分钟内发挥创意,设想如果雇用以下职业人群,他们会如何设计新款的手表。
    - 物理学家

- 哲学家
- 喜剧演员
- 记者

12. 请在 3 分钟内发挥创意，设想如果雇用以下职业人群，他们会如何设计新款的高铁。
    - 歌手
    - IT 咨询顾问
    - 平面设计师
    - 销售顾问

13. 请在 3 分钟内发挥创意，设想如果雇用以下职业人群，他们会如何设计新款的键盘。
    - 杂耍艺人
    - 体操运动员
    - 气象学家
    - 化妆师

14. 请在 3 分钟内发挥创意，设想如果雇用以下职业人群，他们会如何设计新款的沙发。
    - 生物学家
    - 园丁
    - 快递员
    - 游轮厨师

15. 请在 3 分钟内发挥创意，设想如果雇用以下职业人群，他们会如何设计新款的扩音器。
    - 潜水员
    - 工业设计师
    - 水手
    - 画家

16. 请在 3 分钟内发挥创意，设想如果雇用以下职业人群，他们会如何设计新款的扩音器。
    - 电台节目主持人
    - 工程师
    - 家具设计师
    - 游泳教练

17. 请在 3 分钟内发挥创意，设想如果雇用以下职业人群，他们会如何设计新款的茶杯。
    - 宇航员
    - 保险经纪人
    - 营养学家
    - 赛车手

18. 请在 3 分钟内发挥创意，设想如果雇用以下职业人群，他们会如何设计新款的电梯。
    - 时装模特
    - 伐木工
    - 人力资源主管
    - 考古学家

19. 请在 3 分钟内发挥创意，设想如果雇用以下职业人群，他们会如何设计新款的插座。
    - 律师
    - 狱警
    - 脊骨神经科医师
    - 陶艺工人

20. 请在 3 分钟内发挥创意，设想如果雇用以下职业人群，他们会如何设计新款的提款机。
    - 天文学家
    - 侍应生
    - 美容师
    - 教师

21. 请在 3 分钟内发挥创意，设想如果雇用以下职业人群，他们会如何设计新款的收纳箱。
    - 建筑师
    - 渔夫
    - 评论员
    - 教授

22. 请在 3 分钟内发挥创意，设想如果雇用以下职业人群，他们会如何设计新款的自行车。
    - 档案管理员

- 健身教练
- 程序员
- 舞蹈老师

23. 请在 3 分钟内发挥创意，设想如果雇用以下职业人群，他们会如何设计新款的轮胎。
    - 市长
    - 医生
    - 鞋匠
    - 军人

24. 请在 3 分钟内发挥创意，设想如果雇用以下职业人群，他们会如何设计新款的电子秤。
    - 面包师
    - 时装模特
    - 艺术品经销商
    - 无线电台主持人

25. 请在 3 分钟内发挥创意，设想如果雇用以下职业人群，他们会如何设计新款的自行车。
    - 设计师
    - 音乐人
    - 公交车司机
    - 舞者

26. 请在 3 分钟内发挥创意，设想如果雇用以下职业人群，他们会如何设计新款的眼镜。
    - 侦探
    - 作家
    - 买手
    - 护士

27. 请在 3 分钟内发挥创意，设想如果雇用以下职业人群，他们会如何设计新款的窗帘。
    - 艺术家
    - 清洁工
    - 裁缝
    - 警察

28. 请在 3 分钟内发挥创意，设想如果雇用以下职业人群，他们会如何设计新款的门锁。
    - 音乐家
    - 面包师
    - 眼科医生
    - 印刷工人
29. 请在 3 分钟内发挥创意，设想如果雇用以下职业人群，他们会如何设计 U 盘。
    - 视觉艺术家
    - 飞机修理技师
    - 卡车司机
    - 秘书
30. 请在 3 分钟内发挥创意，设想如果雇用以下职业人群，他们会如何设计书架。
    - 理发师
    - 殡仪服务员
    - 会计
    - 秘书

第十章

创新导向的元思维提升法

第一节 创 新 自 信

  创新思维所面临的最常见和最重大的一项障碍就是不相信自己具有创造性天赋和特质,由此一来,个体就根本没有机会允许自己去做创新思考。事实上,每个人都有创造性思考的能力,被限制的是对创造力的兴趣、追求与自信。乔布斯说:"向那些疯狂的家伙们致敬,他们特立独行,他们桀骜不驯,他们惹是生非,他们格格不入,他们用与众不同的眼光看待事物,他们不喜欢墨守成规,他们也不愿安于现状。你可以赞美他们,引用他们,反对他们,质疑他们,颂扬或是诋毁他们,但唯独不能漠视他们。因为他们改变了事物。他们推动人类向前发展。或许他们是别人眼里的疯子,但他们却是我们眼中的天才。因为只有那些疯狂到以为自己能够改变世界的人,才能真正地改变世界。"IDEO 公司的汤姆·凯利和戴维·凯利兄弟俩在创新领域共同进行了 30 年的研究,他们认为人们普遍存在一种对创造力的误解,即创造力是艺术与科学等某些领域所专有的。他们提出了"创造力自信"的概念,其核心思想就是人人都具有创造力。爱因斯坦说,跟着人群走的人,只会走到寻常之处,只有独立探索的人才有可能找到别人没有去过的地方。独特的、富有创造力的人往往具有良好的创造力自信心,而这种自信心加速了思维的创新性。

  自我效能感是指一些人具备的一种坚定不移的信念、相信自己具备取得成功的要素。斯坦福大学心理学家阿尔伯特·班杜拉(Albert Bandura)在 20 世纪 70 年代首次提出自我效能感的概念。班杜拉说:成功者的关键特点是相信自己。如果你认为你能坚持到底,你就能坚持到底。创新力的自我效能感可以影响人们对创新活动的选择以及从事该活动时的坚韧性,会影响人们在困难面前的态度。自我效能感高的人对自己有极高的期望,更乐观与主动，不愿意轻易放弃。自我效能感低的人则畏缩不前，自暴自弃，易于气馁。历史上的高创造性人物都有很高的创造力自我效能感。

比如，迈克尔·杰克逊，流行乐史上最伟大的歌手，他开创了现代 MTV，把流行音乐推向了巅峰，他拥有世界销量第一的专辑 Thriller，2006 年吉尼斯世界纪录认证它的销量高达 1.04 亿张，被载入"吉尼斯世界纪录大全"。他是音乐史上第一位在美国以外卖出上亿张唱片的艺术家。他魔幻般的舞步更是让无数的明星效仿。2006 年，吉尼斯世界纪录为他颁发了一个最新认证：世界历史上最成功的艺术家！他一个人支持了世界上 39 个慈善救助基金会，是全世界以个人名义捐助慈善事业最多的人。杰克逊艺术生涯的早期遭遇了不少挫折，但是这点燃了他心中的火焰。他拒绝自己被忽视，一直努力去超越自己。

知名影星茱莉·安德鲁斯（Julie Andrews）在她最新出版的自传《家》一书中提到了她在 12 岁那年到米高梅试镜的经历。安德鲁斯这样写道，"当时我看起来如此平凡，他们必须给我化点妆才行。"她得到的最后试镜结论居然是："她不够上镜。"J. K. 罗琳（J.K. Rowling）的小说《哈利波特与魔法石》在被伦敦一家小型出版社接纳之前，曾经遭到 12 家出版社的拒绝。披头士乐队遭遇演唱公司的拒绝，原因是公司并不喜欢他们的声音。华特·迪士尼（Walt Disney）曾经被一家报纸的编辑以"缺乏想象力"为由解雇。"飞人"迈克尔·乔丹（Michael Jordan）上高中时曾被校篮球队拒之门外。史蒂夫·乔布斯（Steve Jobs）和史蒂夫·沃兹尼克（Steve Wozniak）在试图推销一款早期的苹果电脑时遭到了惠普等公司的拒绝。托马斯·爱迪生（Thomas Edison）经历了一千多次实验才成功发明了电灯。帮助他们走出失败并最终获得成功的是他们有很强的自信，这种心理素质就是"自我效能感"。

第二节 不断创新

世上万物都处于不断的变化之中，创新是在变化中取得成功的唯一法门。创新思维不能局限于某个时段，而是终其一生的思维习惯。为此，需要在元思维上培育创新导向。元思维就是对思维本身的监测性的思考。在创新领域取得瞩目成就的人，都具有这种强烈的创新导向的元思维习惯。

海尔的张瑞敏就是一个典型例子。海尔公司在成立的三十多年内，进行了五次大的企业变革。每一次"大手术"，都是战略层面的大变革。从 1984 年公司创立到 1991 年，是海尔的名牌战略阶段。那时候，冰箱产品供不应求，张瑞敏仍然坚持做出了"砸冰箱"的举动，提出公司以质量和名牌求发展。从 1991 年到 1998 年，是海尔的多元化战略阶段。它以"吃休克鱼"的方式，通过兼并重组进入了洗衣机、电视机、空调等各个家电领域。同时，它打造了"日清管理法"，提升了海尔内部管理效率。从 1998 年到 2005 年，是海尔的国际化战略阶段。张瑞敏给海尔定下了"出国创牌"而非"出口创汇"的思路，海尔开始在美国、意大利建立或收购工厂。海尔内部开始实践张瑞敏的"市场链"理论，推行"人人成为 SBU（战略业务单元）"，每位员工都成为一个盈利单位。从 2005 年到 2012 年，是海尔的全球化战略阶段。海尔开始推出基于零库存的即需即供，倒逼整个体系去满足用户的个性化需求。管理模式转向"人单合一双赢"，"自主经营体""倒三角"开始成为海尔的核心组织概念。2012 年 12 月至今，海尔迈入网络化战略阶段。在管理上提倡"企业平台化、员工创客化、用户个性化"，在企业内部构筑出激烈的竞争氛围。张瑞敏在经营管理中保持"自以为非"的指导思想，始终以扬弃的观点看待和变革自己的管理体系，使得海尔在市场竞争中始终保持着活力与竞争力。

不断创新的精神在许多企业家身上都有所表现。比如，好孩子童车的创造人宋郑从副校长位置上管理濒临倒闭的校办工厂。在没有出路之际，宋郑曾经帮过忙的上海一位军工厂的领导听说了他的处境后，特意找到了他，承诺只要校办工厂能够生产婴儿车，可以帮助包销。宋郑开始自己研究生产婴儿车，从银行获得 5 万元贷款，并创立"好孩子"品牌。"那时候我就想，只有做自己的产品，做世界上没有的东西，才可能出奇制胜。"宋郑还说，"要么不做，要么就做第一。"他到处打听市场，跑到南京新街口的一个百货大楼里，找到一位王姓经理。这位经理告诉他，如果好孩子能够生产多功能婴儿车，会考虑进货。宋郑开始潜心研发带摇篮的婴儿车，申请了专利，然后把专利卖掉，挣了 4 万元，成为他接手工厂之后掘到的"第一桶金"。之后，宋郑不断改进设计出四功能婴儿车，这一次他没有卖掉专利，而是自行组织生产开发，成就了一个本土知名品牌。

创新机会是无处不在的。1937 年，当其他的超市都把重心放在为顾客提供更大的袋子或者盒子时，一位名叫西尔万·高盛的超市老板突然想到，要用什么来代替人们手中的购物筐才可以卖出更多的商品呢？在很多次失败的试验之后，他设计出了一种简易购物车，因为购物车降低了购物过程中的劳累，所以顾客购买量上升。在今天，各个超市都使用了购物车。此外在纽约，一位百货店老板给他的每位员工都提供一个保温杯，这样将一次性水杯产生的垃圾减少了 85%，这种简单的替换还产生了很好的免费宣传作用。

冰激凌的发现也是人类创新精神的体现。在 1905 年世界博览会上，哈姆维想出售纸一样薄的波斯华夫饼，天气很热，他看很多人都走过他的展台去了附近的冰激凌厅台，卖冰激凌生意很好，结果托盘不足。卖脆饼的哈姆维生意不好，他马上产生灵感，他把剩下的还热着的华夫饼带回了家，把它们做成了蛋卷状，然后冷却它们，最后把冰激凌加在蛋卷上面，蛋卷冰激凌就这样产生了。

创新的机会也可以体现在空间设计上。比如，"外婆家"是一家经营成功的面向大众的家庭聚餐饭店，以高性价比作为其核心竞争力。一般情况下，如果一家餐厅一天能够翻台3~4次，通常就实现了盈利。而"外婆家"每天的翻台能达到10~15次，在"外婆家"排队就餐十分普遍。极高的翻台率正是"外婆家"盈利的主要原因。用便宜的菜品吸引顾客的光临，虽然每一单的盈利不多，但是通过极高的翻台率，薄利多销，每天的整体盈利就上升了。它的翻台率与环境设计有很大关系。这家饭店的厨房的出菜口都设置在餐厅的中间。这样所有的服务员都能在大致相同的时间内将菜品呈给食客，提高了工作效率。"外婆家"店堂的桌椅摆放密集，私密性较低，这样一来节约了公共空间，让陌生人之间距离更近，拉近人与人的关系；二来也让食客们吃饭速度提高，避免店外顾客长时间的等待。

在日常管理工作中也存在许多创新机会，把握这些机会可以改进与完善管理工作。比如为了减少福利计划，俄亥俄州阿克伦城的一家著名的建筑产品分销商，一改标准的福利计划创建了一种"健康红利"，要求员工每月交一定数额的医疗保险费。员工个人交纳25美元，他们的家属需交纳50美元。一年之内如果员工没有提出索赔，则可以返还2/3的保费。这种体系使得员工更加清楚地认识到自己的医疗费用和健康问题，结果整个公司的医疗保健费用降低到了国家平均水平以下。

第三节 训 练

训练1：好奇心提问法

1. 请在3分钟内就下图提出尽可能多的意想不到的问题。

2. 请在 3 分钟内就下图提出尽可能多的意想不到的问题。

3. 请在 3 分钟内就下图提出尽可能多的意想不到的问题。

4. 请在 3 分钟内就下图提出尽可能多的意想不到的问题。

5. 请在 3 分钟内就下图提出尽可能多的意想不到的问题。

6. 请在 3 分钟内就下图提出尽可能多的意想不到的问题。

7. 请在 3 分钟内就下图提出尽可能多的意想不到的问题。

8. 请在 3 分钟内就下图提出尽可能多的意想不到的问题。

9. 请在 3 分钟内就下图提出尽可能多的意想不到的问题。

10. 请在 3 分钟内就下图提出尽可能多的意想不到的问题。

11. 请在3分钟内就下图提出尽可能多的意想不到的问题。

12. 请在3分钟内就下图提出尽可能多的意想不到的问题。

13. 请在3分钟内就下图提出尽可能多的意想不到的问题。

14. 请在3分钟内就下图提出尽可能多的意想不到的问题。

15. 请在3分钟内就下图提出尽可能多的意想不到的问题。

16. 请在3分钟内就下图提出尽可能多的意想不到的问题。

17. 请在 3 分钟内就下图提出尽可能多的意想不到的问题。

18. 请在 3 分钟内就下图提出尽可能多的意想不到的问题。

19. 请在 3 分钟内就下图提出尽可能多的意想不到的问题。

20. 请在 3 分钟内就下图提出尽可能多的意想不到的问题。

21. 请在 3 分钟内就下图提出尽可能多的意想不到的问题。

22. 请在 3 分钟内就下图提出尽可能多的意想不到的问题。

23. 请在3分钟内就下图提出尽可能多的意想不到的问题。

24. 请在3分钟内就下图提出尽可能多的意想不到的问题。

25. 请在3分钟内就下图提出尽可能多的意想不到的问题。

26. 请在 3 分钟内就下图提出尽可能多的意想不到的问题。

27. 请在 3 分钟内就下图提出尽可能多的意想不到的问题。

28. 请在 3 分钟内就下图提出尽可能多的意想不到的问题。

29. 请在 3 分钟内就下图提出尽可能多的意想不到的问题。

30. 请在 3 分钟内就下图提出尽可能多的意想不到的问题。

31. 请在 3 分钟内就下图提出尽可能多的意想不到的问题。

32. 请在 3 分钟内就下图提出尽可能多的意想不到的问题。

33. 请在 3 分钟内就下图提出尽可能多的意想不到的问题。

训练 2：与众不同

1. 假设今年年底将在北京鸟巢上演一场以"与众不同"为主题的民间工艺创新大赛，请列出参赛者"与众不同"的展台布置策略。
   - 捏糖人
   - 剪纸
   - 微雕
   - 风筝
   - 布艺

- 木艺
- 刺绣
- 皮影
- 泥塑
- 铜艺
- 漆品
- 石雕
- 皮影戏
- 舞狮子
- 踩高跷
- 香袋
- 小风车
- 七音哨
- 皮老虎
- 草编蚂蚱笼

2. 假设你要设计一个迎新晚会，你准备如何在以下环节上与众不同。
   - 主持人
   - 服装
   - 道具
   - 场地
   - 舞台
   - 座位
   - 色彩
   - 音乐
   - 晚会的节目
   - 节目单
   - 条幅
   - 食物
   - 奖品
   - 化妆
   - 台词

3. 假设学校要举办校园运动会，请你为运动会做一些与众不同的设计。
   - 地址

- 时间
- 运动项目
- 开幕式节目
- 日程安排
- 奖品
- 氛围
- 主持人
- 工作人员
- 评委
- 互动环节
- 颁奖方式
- 宣传
- 入场模式
- 闭幕式

4. 假设请你设计一场音乐会，你准备如何在以下环节上与众不同。
   - 主持人
   - 服装
   - 道具
   - 场地
   - 舞台
   - 座位
   - 色彩
   - 音乐曲目
   - 乐器
   - 节目单
   - 宣传条幅
   - 食物
   - 互动节目
   - 演奏师
   - 入场票

5. 假设你要经营一家电影院，请你为电影院做一些与众不同的设计。
   - 地址
   - 名称

- 色彩
- 放映厅
- 氛围
- 售票
- 服务
- 检票
- 小食品
- 电影安排
- 放映排表
- 促销方式
- 宣传
- 和电影公司的合作
- 和购票平台的合作

6. 假设你要经营一家游乐场，请你为游乐场做一些与众不同的设计。
   - 地址
   - 名称
   - 游乐项目
   - 工作人员
   - 营业时间
   - 卡通形象
   - 官方网站
   - 氛围
   - 色彩
   - 主题
   - 票价
   - 购票方式
   - 优惠活动
   - 顾客与服务人员的关系
   - 宣传

7. 假设你要经营一家酒店，请你为酒店做一些与众不同的设计。
   - 地址
   - 名称
   - 主题

- 房间
- 氛围
- 楼层
- 色彩
- 服务
- 附属餐厅
- 休闲设施
- 大堂布置
- 前台
- 服务人员
- 卫生清洁
- 便利服务
- 信息安全
- 顾客与服务人员的关系
- 促销方式
- 宣传

8. 假设你要举办模特大赛，请你为大赛做一些与众不同的设计。
   - 地址
   - 时间
   - 报名方式
   - 主持人
   - 评选项目
   - 赛程
   - 氛围
   - 奖品
   - 工作人员
   - 评委
   - 宣传
   - 颁奖方式
   - 海选方式
   - 主题
   - 后续支持

9. 假设你要经营一所动物园，请你为动物园做一些与众不同的设计。
   - 地址
   - 名称
   - 场馆设置
   - 工作人员
   - 营业时间
   - 官方网站
   - 主题
   - 氛围
   - 色彩
   - 动物保护设置
   - 票价
   - 购票方式
   - 饲养员
   - 顾客安全
   - 动物食物来源
   - 清洁
   - 促销方式
   - 宣传

10. 假设你要设计一个结婚典礼，你准备如何在以下环节上与众不同。
    - 主持人
    - 婚礼服装
    - 主题
    - 场地
    - 舞台
    - 座位
    - 色彩
    - 音乐
    - 节目
    - 迎宾台
    - 礼品
    - 食物
    - 化妆
    - 台词

11. 假设你要设计一个网站，请你为网站做一些与众不同的设计。
    - 名称
    - 主题
    - 颜色
    - 界面
    - 功能
    - 客服
    - 服务器
    - 语言
    - 域名
    - 程序
    - 信息安全
    - 账户
    - 服务人群
    - 用户反馈窗口
    - 广告推广

12. 假设你要举办歌手选秀大赛，请你为大赛做一些与众不同的设计。
    - 地址
    - 时间
    - 报名
    - 主持人
    - 评选项目
    - 赛程
    - 氛围
    - 奖品
    - 工作人员
    - 评委
    - 宣传
    - 颁奖方式
    - 海选方式
    - 主题
    - 与娱乐公司的合作

13. 假设你要经营一所植物园，请你为植物园做一些与众不同的设计。
    - 地址
    - 名称
    - 场馆设置
    - 工作人员
    - 营业时间
    - 官方网站
    - 主题
    - 氛围
    - 色彩
    - 植物来源
    - 票价
    - 购票方式
    - 植物养护
    - 展览安排
    - 清洁
    - 促销方式
    - 环保措施
    - 宣传

14. 假设你要举办一次家庭旅游，你准备如何在以下环节上与众不同。
    - 目的地
    - 成员
    - 主题
    - 旅游方式
    - 食物
    - 交通
    - 氛围
    - 时间
    - 休闲活动
    - 药品
    - 酒店选择
    - 安全措施
    - 门票购买
    - 事前攻略

15. 假设你要经营一家餐馆，请你为餐馆做一些与众不同的设计。
    - 地址
    - 名称
    - 厨师
    - 菜品
    - 菜单
    - 餐具
    - 服务
    - 氛围
    - 色彩
    - 背景音乐
    - 用餐方式
    - 下订单方式
    - 结账
    - 点菜
    - 食客的任务
    - 食客之间的关系
    - 食客与大厨的关系
    - 食客与服务人员的关系
    - 促销方式
    - 宣传

训练3：创新高手会如何想

请设想你正在进行一件创新性任务，如果你是这个领域的创新高手，你会对手上的工作有何要求？

1. 我正在设计一款新的手机，如果我是乔布斯，我对这项工作的要求是什么？
2. 我正在设计一次电商活动，如果我是刘强东，我对这次活动的要求是什么？
3. 我正在开发一个社交平台，如果我是扎克伯格，我对这项工作的要求是什么？
4. 我正在拍摄一部科幻电影，如果我是斯皮尔伯格，我对这次拍摄的要求是什么？
5. 我正在设计一款新的衣服，如果我是拉斐特，我对这项工作的要求是什么？
6. 我正在举办一场演唱会，如果我是王菲，我对这项工作的要求是什么？
7. 我正在设计一款通信工具，如果我是马化腾，我对这项工作的要求是什么？

8. 我正在建造一栋写字楼，如果我是王健林，我对这项工作的要求是什么？
9. 我正在设计一款 SUV 汽车，如果我是特斯拉的老板，我对这项工作的要求是什么？
10. 我正在设计一款功能性运动鞋，如果我是李宁，我对这项工作的要求是什么？
11. 我正在设计一款眼镜，如果我是眼镜制造商，我对这项工作的要求是什么？
12. 我正在设计一款冰箱，如果我是张瑞敏，我对这项工作的要求是什么？
13. 我正在设计一款多功能空调，如果我是董明珠，我对这项工作的要求是什么？
14. 我正在设计一艘游轮，如果我是轮船公司的设计师，我对这项工作的要求是什么？
15. 我正在创作一首歌曲，如果我是莫扎特，我对这项工作的要求是什么？
16. 我正在设计一架新型飞机，如果我是波音公司的总工程师，我对这项工作的要求是什么？
17. 我正在设计一款防雾霾口罩，如果我是 3M 的负责人，我对这项工作的要求是什么？
18. 我正在布置春节晚会的舞台，如果我是春晚总导演，我对这项工作的要求是什么？
19. 我正在筹划新的脱口秀节目，如果我是奥普拉，我对这项工作的要求是什么？
20. 我正在开发一种支付工具，如果我是马云，我对这种工具的要求是什么？
21. 我正在设计新的电脑，如果我是柳传志，我对这项工作的要求是什么？
22. 我正在研制新款口红，如果我是圣罗兰，我对这款产品的要求是什么？
23. 我正在设计一个移动电源，如果我是雷军，我对这个产品的要求是什么？
24. 我正在创作一幅山水画，如果我是齐白石，我对这幅作品的要求是什么？
25. 我正在写一本推理小说，如果我是阿加莎·克里斯蒂，我对这本小说的要求是什么？
26. 我正在设计一种衣柜，如果我是宜家家居的老板，我对这种产品的要求是什么？
27. 我正在设计新能源公交车，如果我是公交公司的设计师，我对这项工作的要求是什么？
28. 我正在设计一盏台灯，如果我是飞利浦的设计师，我对这个产品的要求是什么？
29. 我正在设计一款洗发露，如果我是联合利华的设计师，我对这款产品的要求是什么？
30. 我正在设计一种巧克力，如果我是德芙的老板，我对这种产品的要求是什么？

训练4：变得相似

选择一个你认为有创造力的人，可以是历史上的人物，也可以是当代的名人，还可以是你个人认识的某人。寻找有关他的一些材料，请回答以下问题。

（1）为什么你认为这个人有创造力？
（2）简要地描述这个人的性格特点（他是怎样的人？他喜欢什么？他对待他人的态度是什么样的？等等）。
（3）描述这个人智力上的主要特点（他如何思考？他和普通人的想法有什么不同？他运用什么方法来促进产生原创的想法？）。
（4）你认为你有哪些特点和这个人相似？列举出本质的相似点，避免一般的特点（例如"我们都有两只手和两只脚"）。
（5）有哪些特点是你和这个人相似，但却是你并不想有的？
（6）你怎么改变自己才能和这个人更相似？试着找出你可以采用的具体方法。

训练5：变得不同

请选择一个你认为没有创造力的人，可以是你所认识的人，或是历史上的人物和公众人物。记住没有创造力意味着没有想象力，而不是不聪明。查阅了解这个人的相关资料，例如，他的履历，一些关于他生活的事实。根据下面的问题，对这个人物进行分析。

（1）为什么你认为这个人没有创造力？
（2）简要地描述这个人的性格特点（他是怎样的人？他喜欢什么？他对待他人的态度是什么样的？等等）。
（3）描述这个人智力上的主要特点（他如何思考？他怎么看待这个世界？他和普通人的想法有什么不同？他有什么特别的思考方式吗？）。
（4）你认为你哪里和这个人不同，并且你十分乐意有这些不同？
（5）你认为你哪里和这个人相同，并且是你想改变的？
（6）如果你希望能够和这个人少一些相似性，你想怎么改变自己？想一些独特的方法使你能够减少和他的相似。

训练6：尝试新事物

每天接触的不同事物越多，思维的素材也就越丰富，越有利于创新思维。请写下你的尝新计划。

1. 我要读的新杂志：_____
2. 我要去的新音乐厅：_____
3. 我要尝试的新食品：_____
4. 我要交的新朋友：_____
5. 我要去的新地方：_____
6. 我要堆的新雪人：_____
7. 我要了解的新企业：_____
8. 我要穿的新衣服：_____
9. 我要看的新电影：_____
10. 我要学的新乐器：_____
11. 我要学的新的放松方法：_____
12. 我要买的新礼物：_____
13. 我要剪的新发型：_____
14. 我要尝试的新运动：_____
15. 我要拍的新照片：_____
16. 我要读的新技术说明书：_____
17. 我要学的新技能：_____
18. 我要了解的新画家：_____
19. 我要养的新宠物：_____
20. 我要读的新笑话：_____
21. 我要参加的新比赛：_____
22. 我要加入的新活动：_____
23. 我要去的新餐厅：_____
24. 我要下载的新的手机 App：_____
25. 我要画的新作品：_____
26. 我要养的新植物：_____
27. 我要欣赏的新音乐：_____
28. 我要去的新景点：_____
29. 我要开发的新产品：_____
30. 我要了解的新区域：_____

训练7：我可以更有创造力，如果我……

如果你认为你有创新力，你就会更有创造力。正向的思考有助于你提升你的创造力和自信心。请在以下空格处填字，然后努力去实现它们。

1. 如果我这样做（　　　　　　　），我可以在写作领域变得更有创造力。
2. 如果我这样做（　　　　　　　），我可以在数学领域变得更有创造力。
3. 如果我这样做（　　　　　　　），我可以在物理领域变得更有创造力。
4. 如果我这样做（　　　　　　　），我可以在化学领域变得更有创造力。
5. 如果我这样做（　　　　　　　），我可以在生物领域变得更有创造力。
6. 如果我这样做（　　　　　　　），我可以在商业领域变得更有创造力。
7. 如果我这样做（　　　　　　　），我可以在艺术领域变得更有创造力。
8. 如果我这样做（　　　　　　　），我可以在管理工作中变得更有创造力。
9. 如果我这样做（　　　　　　　），我可以在社会关系处理中变得更有创造力。
10. 如果我这样做（　　　　　　　），我可以在日常生活中变得更有创造力。

参 考 文 献

1. BASADUR M, HAUSDORF P A. Measuring divergent thinking attitudes related to creative problem solving and innovation management[J]. Creativity research journal, 1996, 9(1): 21-32.

2. BYRGE C, TANG C. Embodied creativity training: effects on creative self-efficacy and creative production[J]. Thinking skills and creativity, 2015(16): 51-61.

3. CLAPHAM M M. Ideational skills training: a key element in creativity training programs [J]. Creativity research journal, 1997, 10(1): 33-44.

4. DUNLOSKY J, RAWSON K A, MARSH E J, et al. Improving students' learning with effective learning techniques promising directions from cognitive and educational psychology[J]. Psychological science in the public interest, 2013, 14(1): 4-58.

5. GUILFORD J P. Creativity: retrospect and prospect[J]. Journal of creative behavior, 1970, 4(3): 149-168.

6. GUILFORD J P. Creativity[J]. American psychologist, 1950, 5(9): 444-54.

7. KHATENA J, DICKERSON E C. Training sixth grade children to think creatively with words[J]. Psychological reports, 1973, 32(3): 841-842.

8. LEE C S, THERRIAULT D J. The cognitive underpinnings of creative thought: a latent variable analysis exploring the roles of intelligence and working memory in three creative thinking processes[J]. Intelligence, 2013, 41(5): 306-320.

9. MANSFIELD R S, BUSSE T V, KREPELKA E J. The effectiveness of creativity training [J]. Review of educational research, 1978, 48(4): 517-536.

10. MEDNICK S A. The remote associates test[J]. Journal of creative behavior, 1968, 2(3): 213-214.

11. PUCCIO G, CABRA J. Creative problem solving: past, present and future. Routledge companion to creativity[M]. Abingdon, Oxon: Routledge, 2009: 327-337.

12. SCOTT G, LERITZ L E, MUMFORD M D. The effectiveness of creativity training: a quantitative review[J]. Creativity research journal, 2004, 16(4): 361-388.

13. SMITH G F. Idea generation techniques: a formulary of active ingredients[J]. Journal of creative behavior, 1998, 32: 107-134.

14. SPEEDIE S M, TREFFINGER D J, FELDHUSEN J F. Evaluation of components of

the purdue creative thinking program: a longitudinal study[J]. Psychological reports, 1971, 29(2): 395-398.

15. TAKAHASHI M. Business creation bible[M]. Tokyo: Modogakuen, 1993.

16. TANG C, KAUFMAN J C. Personal characteristics that distinguish creative scientists from less creative scientists[J]. Journal of creative behavior, 2015.

17. TORRANCE E P, SAFTER H T. Making the creative leap beyond[M]. Buffalo, NY: Creative Education Foundation Press, 1998.

18. TORRANCE E P. Why Fly？[M]. Westport, Connecticut: Greenwood Publishing Group, 1995.

19. TORRANCE E P. Norms technical manual: torrance tests of creative thinking[M]. Lexington, Mass: Ginn and Co, 1974.

20. TORRANCE E P. Torrance tests of creative thinking[M]. Lexington, MA: Personnel Press, Incorporated, 1968.

21. 安德烈·焦耳当, 裴新宁. 变构模型——学习研究的新途径[M]. 北京：教育科学出版社, 2010.

22. 陈湘纯, 傅晓华. 论创新思维的哲学内涵[J]. 科研管理, 2003, 24（1）：10-14.

23. 陈新夏, 郑维川, 张保生. 思维学引论[M]. 长沙：湖南人民出版社, 1988.

24. 林崇德. 创造性人才、创造性教育、创造性学习[J]. 中国教育学刊, 2000（1）：5-8.

25. 付俊英. 论思维定式与创造性思维[J]. 科学技术哲学研究, 2000（5）：19-22.

26. 吉尔福特. 创造性才能的性质、用途与培养[M]. 北京：人民教育出版社, 1991.

27. 科勒斯涅克. 学习方法及其在教育上的应用[M]. 北京：人民教育出版社, 1991.

28. 孔庆新, 孔宪毅. 试论创造性思维的定义、特点、分类、规律[J]. 科学技术哲学研究, 2008, 25（2）：25-31.

29. 库恩. 必要的张力[M]. 福州：福建人民出版社, 1987.

30. 刘春雷, 王敏, 张庆林. 创造性思维的脑机制[J]. 心理科学进展, 2009, 17（1）：106-111.

31. 卢家楣. 吉尔福特智能三维结构模型的新发展[J]. 上海师范大学学报（哲学社会科学版），1987（2）：143-144.

32. 罗斐, 吴国宏. 斯腾伯格思维风格理论述评[J]. 心理科学, 2004, 27（3）：718-720.

33. 骆方, 孟庆茂. 中学生创造性思维能力自评测验的编制[J]. 心理发展与教育, 2005, 21（4）：94-98.

34. [日]日比野省三. 跨世纪的思维方式：打破现状思维的七项原则[M]. 陈颖健,

译. 北京：科学技术文献出版社，1998.

35. 沈汪兵，刘昌，施春华，等. 创造性思维的性别差异[J]. 心理科学进展，2015，23（8）：1380-1389.

36. 汤超颖，黄冬玲，邱江. 组织创造力培训开发的新进展[J]. 中国人力资源开发，2015（22）：92-97.

37. 王极盛. 科学心理学[M]. 杭州：浙江教育出版社，1987.

38. 王极盛. 科学创造心理学[M]. 北京：科学出版社，1986.

39. 童秀英，沃建中. 高中生创造性思维发展特点的研究[J]. 心理发展与教育，2002，18（2）：22-26.

40. 沃建中，王福兴，林崇德，等. 不同学业成就中学生创造性思维的差异研究[J]. 心理发展与教育，2007，23（2）：29-35.

41. 许文胜. 易经之道[M]. 北京：东方出版社，2008.

42. 张景焕. 科学创造人才心理特征及影响因素研究[D]. 北京：北京师范大学，2005.

43. 张丽华，白学军. 创造性思维研究概述[J]. 教育科学，2006，22（5）：86-89.

44. 张晓芒. 创新思维的逻辑学基础[J]. 南开学报（哲学社会科学版），2006（6）：88-96.

45. 张周志. 全球化视域的中西哲学思维方式会通[M]. 西安：陕西人民出版社，2008.

46. 赵卿梅. 创新能力的形成与培养[M]. 武汉：华中科技大学出版社，2002.

47. 周林，查子秀，施建农. 5、7年级儿童的图形创造性思维（FGA）测验的比较研究——中德技术创造力跨文化研究结果之一[J]. 心理发展与教育，1995，11（2）：19-23.

48. 周明星. 创造教育与挫折教育[M]. 北京：中国人事出版社，1999.

49. [美]怀特海. 思维方式[M]. 龙保，译. 天津：天津教育出版社，1989.

50. 连淑能. 论中西思维方式[J]. 外语与外语教学，2002（2）：39-68.

51. 威廉姆·贝弗里奇. 科学研究的艺术[M]. 陈捷，译. 北京：科学出版社，1984.